中国家庭金融调查系列报告

China Household Finance Survey Report Series

中国农村家庭金融 发展报告

Report on the Development

of Household Finance in Rural China （2014）

中国农业银行战略规划部
中国家庭金融调查与研究中心

西南财经大学出版社
Southwestern University of Finance & Economics Press

编委会名单

顾　问

李振江　张宗益

主　编

甘　犁　李　运

副主编

尹志超　田学思　刘永强　谭继军

参　编

李　凤　何　欣　姜守涛

郭兴平　曹大飞　秦　芳

吴　雨　隋钰冰　刘　页

何　雯　何志杰　廖　毓

刘婷婷　彭嫦燕　熊　格

序一

近年来，中央对农村金融工作做出了一系列重大部署，农村金融改革持续向纵深推进，农村金融总体规模快速扩大，服务覆盖面大大拓宽。截至 2013 年年末，全部金融机构涉农贷款余额达到 20.8 万亿元，较 2007 年年末增长了 2.4 倍。其中，直接面向农民家庭的农户贷款余额达到 4.5 万亿元，较 2007 年年末增长了 2.5 倍，对农村地区广大农民发展生产、改善生活提供了有力的金融支持。

但当前农村金融仍是我国金融体系中相对薄弱的环节，与"三农"领域日益增加的多元化金融需求相比，还面临着一些矛盾和挑战。其中最突出的是对农民（农村家庭）金融服务不足的问题。农民贷款难、贷款贵，能够享受到的其他金融服务也相对较少，这是制约农村经济发展和农民收入提高的重要因素。

从以往的经验来看，造成对农民金融服务不足的一个重要原因在于农户的相对弱质性。我国农村地域广阔、农民居住分散，多数农民主要从事小规模农业生产。对金融机构而言，农户呈现较明显的规模小、分布广、实力弱、风险大特征，对农民的金融服务成本相对较高。

然而，近年来国家不断加大强农惠农富农政策力度，特别是党的十八届三中全会对深化农村改革指明了方向，将对未来我国农村家庭的生产生活产生全方位的重要影响。主要表现在：一是加快构建新型农业经营体系，将催生一大批规模化经营的新型农业生产经营主体。与过去分散的小规模农户生产相比，规模化的经营能为金融机构提供了更多的合格承贷主体，进而将提高农村金融服务的集约化程度，有效降低服务成本。二是推进农村土地制度改革，赋予农民更多财产权利，并允许农户将农村土地用于抵押担保。这既使财产性收入成为农民新的收入增长点，显著提高其抗风险能力，同时又能够在一定程度上缓解农村贷款抵押担保难题。三是稳步推进新型城镇化，尤其注重人的城镇化，推动农民向新市民转变。在此过程中，农民金融需求的规模、范围和层次将明显提升，消费信贷和金融理财等新需求会逐步增加，金融机构可以提供更加多元化的服务，提高对农民服务的综合收益。

由此可见，随着我国农村家庭生产生活方式和收入水平的逐步变化，金融机构对农民的金融服务将迎来广阔的发展空间。对这种总体趋势，大家基本已经达成共识。但对于农村家庭金融服务规模究竟有多大、发展速度有多快、风险有多高等具体问题的认识，应该说现在还是仁者见仁、智者见智，众说纷纭，莫衷一是，争议比较大。对这些问题不能仅满足于定性的趋势研判，还必须从更微观的层次，通过收集足够样本的农村家庭金融信息，进行科学的统计分析，才能做出更为客观、更为量化、更为准确的判断，从而最终为国家制定涉农政策和金融机构规划涉农业务发展策略，提供较充分的决策依据。但遗憾的是，这方面的微观调查和研究目前还基本处于空白状态。

2013 年，中国农业银行与西南财经大学联合开展"中国家庭金融调查"项目。通过对全国 29 个省（自治区、直辖市）28 000 多个样本户的入户调查访问，项目组搜集到了大量中国农村家庭的金融数据，并对数据进行了深度挖掘和分析，对中国农村家庭信贷需求与可得性、农村家庭财务风险情况、农村家庭参与金融市场情况、农村家庭金融知识普及情况等进行了详尽分析。可以说，这项研究初步填补了我国农村家庭金融微观调查领域的空白，提供了大量详实的第一手素材，对研究中国农村家庭金融问题将会有重要的参考和决策支持价值。衷心希望本书的出版，能够进一步引起大家对农村金融问题的关注，并期待在这一领域出现更多的研究成果，为中国农村金融的健康持续发展提供更有价值、更有操作性的意见和建议。

中国农业银行副行长 李振江

2014 年 4 月

序二

  中国家庭金融调查是我校中国家庭金融调查与研究中心于 2009 年开始并延续至今的一项大规模调查项目，也是我校"优势学科创新平台"和"金融安全协同创新中心"的重要组成部分。在 2011 年和 2013 年的两轮调查中，中国农业银行对调查工作给予了大力支持，并于 2013 年 8 月与我校达成学术研究合作协议，商定双方以中国家庭金融调查与研究项目为平台，共同在经济发展与改革、农村金融、家庭金融、民间金融等方面开展学术研究。

  金融是现代经济的核心，主导着现代经济的发展。农村金融作为金融的重要组成部分，一直是众多专家、学者关注的重点，但以农村家庭金融为视角来对农村金融市场进行研究的著作并不多见。随着中国经济的快速发展，家庭金融行为对家庭财富的积累和增长起到了关键性作用，而农村金融的发展不仅影响农村家庭金融行为，而且影响农村家庭的经济状况。农村家庭金融问题与"三农"问题、金融体系的改革和创新、金融行业机遇与挑战以及普惠金融发展等问题息息相关。

  《中国农村家庭金融发展报告（2014）》基于 2013 年中国家庭金融调查数据而成。此次调查涉及全国 29 个省、262 个区县、1 048 个社区，共收集了 28 000 多户家庭的有效样本信息，其中农村家庭占比接近 50%。调查内容涵盖住房资产和金融财富、负债和信贷约束、收入和支出、社会保障和保险、代际转移支付、人口特征和就业、支付习惯等方面信息。通过对调查数据的整理、分析和研究，历时半载，《中国农村家庭金融发展报告（2014）》终于面世。该书对农村家庭人口、就业、资产、负债、收入、支出等进行全方位分析，全面揭示了农村家庭金融及农村金融市场的发展现状，对掌握当前我国农村家庭金融情况，研究农村金融问题具有重要的参考价值。

  我校是一所具有鲜明行业特色的国家"211 工程"重点建设大学，长期服务于金融行业发展，在行业人才培养、科学研究和社会服务等方面具有突出优势，与金融行业有着紧密的联系，在金融行业中具有广泛的影响力。中国农业银行是一家国有大型商业银行，长期以来，以稳健的经营、雄厚的实力、成熟的产品和丰富的经验，为国家经济建设与社会发展做出了巨大贡献。近年来，我校与"一行三会"及各大金融机构开展了密切而深入的合作，共同成立了一批科研机构，搭建科学研究和学术交流的合作平台，实现资源共享、优势互补、互利共赢、共同发展，同时也提升了学术创新能力和服务社会水平。由中国农业银行与我校中国家庭金融调查与研究中心携手完成的《中国农村家庭金融发展报告（2014）》一书，就是合作中产生的最新研究成果。在本书付梓之际，特作此序，并表示祝贺。

西南财经大学校长　张宗益

2014 年 4 月

目录

1 农村家庭的基本情况

1.1 调查设计

1.1.1 中国家庭金融调查项目

西南财经大学 2009 年启动中国家庭金融调查项目，2011 年成立了中国家庭金融调查与研究中心（以下简称中心），在全国范围内开展抽样调查项目——中国家庭金融调查（China Household Finance Survey，CHFS），每两年进行一次全国性入户追踪调查访问，旨在收集有关家庭金融微观层次的相关信息。调查的主要内容包括：住房资产和金融财富、负债和信贷约束、收入、消费、社会保障与保险、代际转移支付、人口特征和就业以及支付习惯等相关信息，以便为学术研究和政府决策提供高质量的微观家庭金融数据，对家庭经济、金融行为进行全面细致的刻画。该调查是针对中国家庭金融领域全面系统的入户追踪调查，调查成果将建成中国家庭金融微观领域的基础性数据库，为社会共享。

2011 年中心开展了第一轮调查，2012 年中心发布了首轮调查数据。调查数据发布后，产生了巨大的社会影响力。在中国，有关家庭金融的研究才刚刚起步，而中心的成果填补了中国家庭金融学术研究现状的空白，其意义已经超越了学术界，产生了广泛积极的社会效益。在学术方面，中心发布的数据引起了学术界的极大兴趣，并出现了一系列研究成果，随着数据库的深入建设，更多研究人员将参与到家庭金融的研究中来。在社会效益方面，中心积极参与中国重大政策问题的研究与讨论，在房地产市场调控、收入分配与经济转型、城镇化问题等诸多中国目前重大的宏观政策方面都有深入的研究和探索。

中国农业银行是我国主要的综合性金融服务提供商之一，凭借全面的业务组合、庞大的分销网络和领先的技术平台，向最广大客户提供了涵盖商业银行、投资银行、基金管理、金融租赁、人寿保险等多个领域多种形式的金融服务，已成为面向"三农"、城乡联动、融入国际、服务多元的一流现代商业银行。在 2013 年美国《财富》杂志全球 500 强排名中，中国农业银行列第 64 位；英国《银行家》杂志全球银行 1 000 强中，中国农业银行以 2012 年一级资本排名计，列第 5 位。作为我国农村金融的骨干和支柱，服务"三农"既是农业银行担负的政治和社会责任，也是农业银行自身发展的战略选择。近年来农业银行秉持面向"三农"市场定位,以"三农"金融事业部改革为体制机制保障,以"121工程"、"千百工程"、"金穗惠农通工程"和"县域零售业务提升工程"为主要抓手,切实加强资源倾斜、渠道建设、产品创新、客户管理和风险管控,"三农"金融服务水平不断提高。此外,农业银行高度重视农村金融领域前沿问题研究,并不断强化与各领域专家、学者的合作交流。2013年8月,中国农业银行与西南财经大学签订合作协议,就"中国家庭金融调查"项目开展合作。一方面,农业银行充分发挥全国各地分支机构多、覆盖面广的优势,协助项目调查人员完成入户调查,有效提高了2013年的调查效率,显著降低了拒访率;另一方面,双方充分挖掘分析农村家庭金融调查庞大的第一手数据,在农村家庭信贷需求与可得性、农村家庭财务风险和金融知识水平、农村民间借贷活动等方面共同展开深度研究。这项研究既为国家涉农政策制定提供了客观量化的数据参考,也为金融机构"三农"金融服务提供了有效的决策支持,具有十分重要的理论和现实意义。

1.1.2 抽样过程

1.1.2.1 总体概述

为了保证样本的随机性和代表性,同时达到 CHFS 着眼于研究家庭资产配置、消费储蓄等行为的目的,抽样设计力求满足如下四个方面的要求:一是经济富裕地区的样本比重相对较大;二是城镇地区的样本比重相对较大;三是样本的地理分布比较均匀;四是尽可能节约成本。总体而言,本项目的整体抽样方案采用了分层、三阶段与规模度量成比例(PPS)的抽样设计。第一阶段抽样在全国范围内抽取市/县;第二阶段抽样从市/县中抽取居委会/村委会;最后在居委会/村委会中抽取住户。每个阶段抽样的实施都采用了 PPS抽样方法,其权重为该抽样单位的人口数(或户数)。本项目首轮调查的户数设定为 8 438户;第二轮调查的户数约为 28 000 户。

中国家庭金融调查与研究中心于 2011 年 7 月至 8 月实施了第一轮访问。初级抽样单元为全国除西藏、新疆、内蒙古和港澳台地区外的 2 585 个县(区、县级市)。在第一阶段抽样中,我们将初级抽样单元按照人均 GDP 分为 10 层,在每层中按照 PPS 抽样抽取 8个县(区、县级市),共得到 80 个县(区、县级市),分布在全国 25 个省份。在每个被抽中的县(区、县级市)中,按照非农业人口比重分配村(居)委会的样本数,并随机抽取相应数量的村(居)委会,且保证每个县(区、县级市)抽取的村(居)委会之和为 4 个。在每个被抽中的村(居)委会,本调查根据社区住房价格对高房价地区进行重点抽样,即房价越高,被分配的调查户数就相应越多,由此得到每个社区访问的样本量为20~50 个家庭。在每个被抽中的家庭,对符合条件的受访者进行访问,所获取的样本具有全国代表性。进行第一、二层抽样时,在总体抽样框中利用人口统计资料进行纸上作业;进行末端抽样时,采用地图地址进行实地抽样。

2013 年,中心对中国家庭金融调查的样本进行了大规模扩充。初级抽样单元(PSU)

为全国除西藏、新疆和港澳台地区外的全部市/县。在数据具有全国代表性的基础上，通过抽样设计使得数据在省级层面也具有代表性。具体做法是，在第一阶段抽样时，在每个省内将所有县（区、县级市）按照人均 GDP 排序，然后在 2011 年被抽中县（区、县级市）的基础上，根据人均 GDP 排序进行对称抽样。例如，某省共有 100 个县（区、县级市），将其按照人均 GDP 排序后，若 2011 年被抽中的市/县位于第 15 位，则对称抽取人均 GDP 位于第 85 位的市/县。在此基础上，若 2011 年该省被抽中的市/县样本过少，对称抽样不足以构成省级代表性时，将采用 PPS 抽样的方式追加市/县样本（具体实施方法见对新增省份抽样方法的描述）。对于新被抽中的宁夏、内蒙古和福建三个省份，同样采用概率比例规模抽样（PPS）法抽取市/县样本。具体做法为：对该省内所有县（区、县级市）按照人均 GDP 排序，然后以人口为权重，采用等距抽样抽取市/县样本。在第二阶段抽样中，我们对新增市/县样本使用了与 2011 年不同的抽样方式。在所有新被抽中的县（区、县级市）内部，按照非农业人口比例将各个街道（乡）、居委会（村委会）排序，然后使用以人口为权重的 PPS 等距抽样方式抽取 4 个村（居）委会。最终得到的样本包含 262 个县（区、县级市），1 048 个居委会（村委会），涵盖全国 29 个省份。

1.1.2.2 具体实施

（1）绘制住宅分布图

本项目的末端抽样建立在绘制住宅分布图以及制作住户清单列表的基础上，借助"住宅分布地理信息"作为抽样框来进行末端抽样。末端抽样框的精度很大程度上取决于实地绘图的精度，因此，如何有效地提高绘图精度成为关键。

CHFS 的绘图采用项目组自行研发的地理信息抽样系统，借助 3G（遥感、GPS、GIS）技术解决了目标区域空间地理信息的采集问题。借助地理信息研究所提供的高精度数字化影像图和矢量地图，绘图员在野外通过电子平板仪加上 GPS 定位获取高精度的测量电子数据，并直接输入到计算机系统中，从而获得高质量矢量底图。考虑到地图数据的时效性，通过后期实地核查、人工修正的方式对空间地理数字模型进行调整，建立起与现实地理空间对应的虚拟地理信息空间。

该系统除了使绘图工作人员能直接在电子地图上绘制住宅分布图外，还能储存住户分布信息，辅助完成末端抽样工作，最大限度地提高工作效率，减少绘图和末端抽样误差。此外，使用电子地理信息抽样系统也有利于保存住户信息资料，为进一步深化和改进项目工作奠定基础。该部分核心流程如下图 1-1 所示。

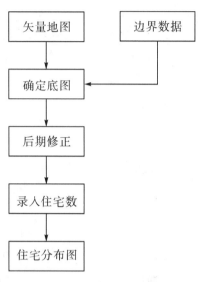

图 1-1　绘图核心处理流程

（2）末端抽样

末端抽样基于绘图工作生成的住户清单列表并采用等距抽样的方式进行。具体步骤如下：

第一，计算抽样间距，即每隔多少户抽选一个家庭。其计算公式为：

抽样间距 = 住户清单总户数 ÷ 设计抽取户数（向上取整）

若某社区有住户 100 户，计划抽取 30 户，100/30＝3.33，则抽样间距为 4。

第二，确定随机起点。随机起点为抽样开始时钟表上分针所处位置的个位数值。如此时时间为 15 时 34 分，则随机起点为 4。

第三，确定被抽中住户。随机起点所指示的住户为第一个被抽中的住户。在上述例子中，随机起点为 4，则第一个被抽中的住户是编号为 4 的住户，其他被抽中的住户依次为 8、12、16、20 等，依此类推，直至抽满 30 户。

在抽样中对家庭的定义如下：家庭可分为多人家庭和单人家庭。多人家庭由夫妻、父母、子女、兄弟、姐妹等构成，可以直接访问；单人家庭又分为以下两种情况：没有其他家人，可以直接访问；在其他地方有家人，但经济相互独立，则其他家人不算本地区的家庭成员。同时，家庭中必须至少有一人是中国国籍，在本地区居住至少 6 个月以上。总的来说，识别家庭的原则是任意满足下列条件之一：共享收入，共担支出。

（3）加权汇总

在我们的抽样设计下，由于每户家庭被抽中的概率不同，因此每户家庭代表的中国家庭数量也就不同。在推断总体的时候，需要通过权重的调整来真实准确地反映每户样本家庭代表的家庭数量，以获得对总体的正确推断。中国家庭金融调查的所有计算结果都经过抽样权重的调整。抽样权重的计算方法如下：根据每阶段的抽样分别计算出调查市县被抽中的概率 P_1、调查社区（村）在所属区县被抽中的概率 P_2 以及调查样本在所属社区（村）被抽中的概率 P_3，分别计算出三阶段的抽样权重 $W_1 = 1/P_1$、$W_2 = 1/P_2$、$W_3 = 1/P_3$，最后得到该样本的抽样权重为 $W = W_1 \times W_2 \times W_3$。

1.1.3 数据采集

1.1.3.1 CAPI 系统介绍

CHFS 项目汲取了国际上通用成熟的计算机辅助面访系统（Computer-assisted Personal Interviewing，简称 CAPI）框架和设计理念，研发了具有自主知识产权的面访系统和配套管理平台。通过该系统，能够全面实现以计算机为载体的电子化入户访问。通过这种方式，能够有效减少人为因素所造成的非抽样误差，例如对问题的值域进行预设，减少人为数据录入错误、减少逻辑跳转错误等，并能较好地满足数据的保密性和实时性获取的要求，从而能显著提高调查数据的质量。

1.1.3.2 访员选拔与培训

CHFS 的访员大多为西南财经大学优秀的本科生和研究生，由博士生担任访问督导。由于所有访员均接受过良好的经济、金融知识教育，因此能够更深入地理解问题含义并更好地向受访者传达和解释。在正式入户访问之前，项目组对选拔出的访员进行了系统培训。培训内容包括：

第一，访问技巧。在访问前如何确定合格的受访对象，如何取得受访者的信任和配合；在访问时如何向受访者准确、中立地传递问题的含义，并记录访问中遇到的特殊问题；在访问后如何将数据传回并遵守保密性准则。

第二，问卷内容。以小班授课的方式对问卷内容进行熟悉和理解；通过幻灯片、视频等多媒体手段更生动地进行讲解；以课堂模拟访问的形式加深印象并发现不足。

第三，CAPI 电子问卷系统和访问管理系统。在课堂上向访员发放上网本。上网本已经安装 CAPI 电子问卷系统和中心自主研发的访问管理系统。通过实际操作，引导访员熟悉系统操作，尤其是访问过程中备注信息的使用和各种快捷操作。

第四，实地（Field）演练。课堂培训结束之后，组织访员进行实地演练，即小范围地入户访问，以考核访员对访问技巧和问卷内容的掌握情况，查漏补缺。

CHFS 的绘图员培训历经 5 轮，培训绘图员 232 人次，人均培训学时为 42 小时；访员培训分为两轮，培训访员 1 400 余人次，人均培训学时为 80 小时。在培训完成后，CHFS 还对访员进行了严格的考核评分，对考核表现不理想的访员进行再培训或取消其访问资格。而对于作为访问管理环节具体实践者的博士生督导，中心工作人员对其进行了更加严格的培训，人均培训时间超过 30 小时，要求其熟练掌握督导管理系统、样本分配系统和 CAPI 问卷系统。

上述严格的培训和考核保证了 CHFS 的访问督导质量和访员质量，为高质量调查访问数据的收集奠定了坚实基础。

1.1.4　拒访率

1.1.4.1　CHFS 拒访率分布状况

CHFS 采用两种标准统计拒访率。标准一为宽口径拒访率，拒访样本包括拒访户、空户和不符合条件样本户。拒访率 1 的计算公式为：

拒访率 1 =（拒访户+空户+不符合条件户）÷（拒访户+空户+不符合条件户+接受访问户）

标准二为窄口径拒访率，拒访样本只包括拒访户。拒访率 2 的计算公式为：

拒访率 2 = 拒访户÷（拒访户+接受访问户）

表 1-1 统计了两种标准下 2011 年调查样本拒访率的城乡分布状况。可以看出，在两种计算口径下，CHFS 的总体拒访率都未超过 20%。这得益于受访社区和村委的积极配合以及访员的敬业精神。从表 1-1 还可以发现，虽然总体拒访率不高，但是城乡拒访率的差异较大。以拒访率 2 为例，城市拒访率（16.5%）是农村拒访率（3.2%）的 5 倍，表明农村居民比城市居民更乐意接受访问。

表 1-1	CHFS 拒访率的城乡分布		单位:%
	总体	城市	农村
拒访率 1	18.4	22.6	8.4
拒访率 2	11.6	16.5	3.2

表 1-2 进一步列出了 CHFS 拒访率在东、中、西部的空间分布。容易发现，无论是根据拒访率 1 还是拒访率 2，东部、中部和西部地区拒访率依次递减，表明经济发展水平越高的地区，居民接受调查的积极性就越低。东部被调查的地区多为城市社区，使得东部地区的拒访率最高，例如东部地区拒访率 2 为 15.5%，远高于中部的 9.7% 和西部的 4.4%。由于本次调查最终抽取出的东部、中部和西部样本比例为 32∶27∶21 以及多抽取城市社区的调查设计，使得中部和西部地区的拒访率都低于总体拒访率（18.4% 或 11.6%）。为保证调查质量，CHFS 对于拒访率较高的社区投入了大量人力和物力。

表 1-2	CHFS 拒访率的空间分布			单位:%
	总体	东部	中部	西部
拒访率 1	18.4	20.7	16.1	14.4
拒访率 2	11.6	15.5	9.7	4.4

为了加深对 CHFS 拒访分布的认识，表 1-3 描述了不同拒访率分组下 CHFS 调查的 320 个社区的拒访率分布情况。如表 1-3 所示，以拒访率 2 为标准，有 191 个社区的拒访率为 0，表明这些社区的受访户都接受了访问。其中，城市和农村社区数量分别为 53 个和 138 个。就城市社区而言，拒访率主要集中在 0~20% 的区间内，拒访率在 40% 以上的社区只有 7 个；农村地区有 138 个社区的拒访率为 0，拒访率不为 0 的社区只有 21 个。此外，东部和中部社区的拒访率分布较为接近，而西部地区基本不存在拒访率高于 40% 的社区。

图 1-2 进一步画出了 320 个社区拒访率的分布直方图。图中横轴表示不同的拒访率水平，纵轴表示相应拒访率水平下的社区数量。图中浅色区域表示总体拒访率的分布，即特定拒访率下的社区数量；深色区域为其中城市社区的数量。与表 1-3 的结论一致，大部分社区的拒访率集中在 20% 以下，同时拒访率在 40% 以上的社区也非常少，并且主要为城市社区。

表 1-3   CHFS 社区拒访率分布情况

拒访标准	地区	不同拒访率社区数量（个）			
		0	0~20%	20%~40%	40%以上
拒访率1	总体	88	137	79	16
	城市	16	68	63	14
	农村	72	69	16	2
	东部	23	60	38	7
	中部	37	41	23	7
	西部	18	36	18	2
拒访率2	总体	191	89	30	10
	城市	53	75	26	7
	农村	138	14	4	3
	东部	69	39	13	7
	中部	61	33	11	3
	西部	61	17	6	0

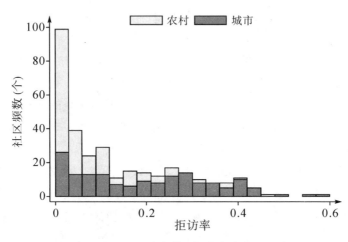

图 1-2　城乡社区拒访率分布

1.1.4.2　拒访率的横向比较

比较 CHFS 与国外调查数据的拒访率，有利于深入认识 CHFS 调查的数据质量。由于国外的调查项目较多，表 1-4 只列出了具有代表性的 PSID、SCF、CEX 和 SHIW 四个调查数据的拒访率。其中，作为追踪调查"标杆性"数据库的 PSID 拒访率很低，每次调查的拒访率都在 2%～6% 的区间。其他三个数据库都与 CHFS 具有一定的可比性，其调查内容都在不同程度上涉及家庭的资产、收入和支出等，尤其是 SCF，是与 CHFS 直接可比的调查项目。从表 1-4 可以看出，SCF、CEX 和 SHIW 三个调查的拒访率都在 25% 以上，与 CHFS 直接可比的 SCF 调查拒访率更是在 30% 以上。这表明 CHFS 的拒访率与国外同类调查相比，处在很低的水平上，进一步表明了 CHFS 调查组织工作的高效率与高质量。

表 1-4　　　　　　　　　　　　CHFS 与国外调查的拒访率比较

项目	时间	拒访率		备注
PSID	2010 年	每轮调查拒访率在 2%～6% 之间		Panel Study of Income Dynamic（美国）
SCF	2007 年	AP Sample	List Sample	Survey of Consumer Finance（美国）
		32.2%	67.3%	
CEX	2005 年	Interview	Diary	Consumer Expenditure Survey（美国）
		25.5%	29%	
SHIW	2008 年	43.9%		Survey Household Income and Wealth（意大利）

1.1.4.3 拒访率的纵向比较

经历两次调查，实践证明，随着 CHFS 项目不断发展和影响力的不断扩大，CHFS 调查 2013 年的总体拒访率较 2011 年有所降低。如表 1-5 所示，2013 年，无论是总体还是城乡分布的拒访率都下降了。尤其是在农村地区，拒访率低于 1%，这也意味着在农村地区的入户成功率极高。

表 1-5 　　　　　　　　　　　CHFS 拒访率纵向比较　　　　　　　　　　单位:%

时间	地区	拒访率
2011 年	总体	11.6
	城市	16.5
	农村	3.2
2013 年	总体	10.9
	城市	15.4
	农村	0.9

同时，2013 年 CHFS 的样本中包括了 2011 年接受过调查的家庭样本。从表 1-6 可知，2013 年对参与过 2011 年调查的家庭进行的访问非常成功，拒访率不到新样本的一半。这从一个侧面说明，随着项目的推进，中国家庭金融调查的社会认可度和接受度在提高，从而为提高数据的质量提供了有力支持。

表 1-6 　　　　　　　　　　2013 年 CHFS 新老样本拒访率比较　　　　　　单位:%

样本	地区	拒访率
老样本	总体	5.4
	城市	8.2
	农村	0.7
新样本	总体	12.6
	城市	17.4
	农村	0.9

1.1.5 调查的可靠性

在本节中，我们从数据的代表性、真实性和可靠性三个角度出发，对调查的一些关键问题做出解释。关于数据代表性的说明将介绍调查的样本量与抽样误差、社区分布与权重调整等；关于数据真实性的说明将介绍调查问卷的逻辑呼应、样本家庭的收入水平以及收入数据比较等；关于数据可靠性的说明将介绍访员的工作特点、样本家庭的关系维护等。

1.1.5.1　关于数据代表性的说明

（1）样本量是否足够大？

统计分析是对总体里抽取的样本进行建模、计算和分析。通常，由于经费和时间的限制，样本仅是从总体中抽取的一部分。统计分析的结果能否反映总体的真实情况，主要取决于样本是否随机，而不是样本量大小。

样本量大小的真正作用是决定统计分析结果的误差，在严格随机抽样的前提下，抽样误差随样本量的增加以几何级数递减。样本量需要多大，这与需要反映的总体标准差有关，样本量的大小既不是"能很好反映总体情况"的必要条件，也不是它的充分条件。以收入为例：2011 年 CHFS 数据中收入均值为 54 271 元，标准差为 201 438 元。当样本量为 8 400 户时，抽样误差为 2 200 元，约是总体标准差的 1%；当样本量为 28 000 户，抽样误差为 1 200 元，约是总体标准差的 0.6%；当样本量为 40 万户，抽样误差为 320 元，约是总体标准差的 0.2%。

因此，无论 2011 年的 8 400 户还是 2013 年的 28 000 户，当我们的抽样严格按照随机抽样过程进行设计，调查实施也严格按照随机抽样原则更换样本，抽取的样本都足以正确推断总体。国内外的其他调查也能证明此观点，例如 CGSS（中国综合社会调查）2006 年的样本量约为 10 000 户；SCF（美国消费金融调查）2007 年之前 25 年的样本量保持在 4 000 户，2008 年开始增加为 6 500 户；PSID（美国收入动态跟踪调查）2005 年的样本量为 5 000 户。

（2）样本选取是否有代表性？

在完全随机抽样下，由于富裕家庭的比例很低，其被抽中的概率也很低。可以想象，如果数据中没有包含富裕家庭样本，是无论如何也不能正确反映总体的。根据 CHFS 的研究目的，我们在抽样设计中采取了偏向富裕家庭的样本分配，就能够保证样本中包含相当部分富裕家庭。当然，这肯定会造成样本中富裕地区和富裕家庭的比重相对较大，但是可以通过权重的调整来反映总体的实际情况。这也是国际上绝大多数抽样调查统计中常用的办法。

权重的确定将根据抽样设计中每户家庭被抽取的概率进行计算。换言之，抽样时多投放富裕家庭样本，计算时富裕家庭的相对重要性就减小，其所代表的家庭户数也就相应低于其他收入层次的家庭。正是通过这一调整，我们能更准确地从样本推断总体的信息。具体权重计算过程请参见 1.1.2 小节内容。

1.1.5.2　关于数据真实性的说明

（1）问卷设计的逻辑呼应

CHFS 调查问卷设计时加入了前后逻辑呼应的考量，防止受访户有意识地乱报数据或者无意识地错报数据。当前后呼应的问题答案出现矛盾时，系统会自动提醒访员注意，访员会再次向受访户核实答案，确保数据的真实性。

（2）收入数据的低报与比较

客观地讲，我们难以杜绝受访家庭对某些敏感信息进行错报或瞒报，如收入、资产等。这也是全世界各项类似调查都必须共同面对的难题。以收入信息为例，CHFS数据全面地收集了受访家庭的每一项收入，具体包括工资薪金收入、农业生产净收入、工商业生产经营净收入、投资性收入和转移性收入。在这些信息中，收入数据的失真主要由于高收入阶层低报收入水平或漏报收入来源导致。即使这样，CHFS的高收入阶层收入数据已经显著高于国内其他同比数据。例如，CHFS数据显示，人均年收入超过228 600元就步入我国城镇地区收入最高1%人群的行列。我们根据国家统计局公布的区间均值，估算出国家统计局的调查结果中该值仅为86 819元。

我们知道在调查中高收入阶层存在一定程度瞒报或低报收入的现象，我们的调查结果也许并不是非常准确的真相。然而，与其他同类调查结果相比，我们无疑更接近真相。为此我们将付出不懈的努力，用高质量的调查执行过程不断向真相逼近。

1.1.5.3　关于数据可靠性的说明

（1）访员的工作特点

CHFS访员绝大部分是由西南财经大学的本科生、硕士研究生、博士研究生和全职员工担任，另有少部分国内外各大高校的学生积极参与。我们有充分的证据表明，高素质与高学历的访员以极大的勇气和智慧、极强的责任心和创造力、极优的意志品质和执行力，克服巨大困难，极其出色地完成了调查访问工作。他们成功地打动了受访户，得到了受访户的积极配合。尤为难能可贵的是，他们敲开了中国高收入阶层的大门，成功地走进这些家庭并搜集到宝贵的数据。

（2）样本家庭的长期维护

我们视28 000户样本家庭为朋友，与他们保持长期联系并建立有效的沟通渠道。每逢佳节我们会向受访家庭发送祝福的短信；每逢重大节日会进行电话充值以聊表心意；对部分关注调查结果的家庭，我们会及时赠送中心的各类研究成果；对生活困难或遭受灾害的受访家庭予以力所能及的物质援助。我们希望受访家庭信赖CHFS、重视CHFS、认同CHFS。随着调查的长期开展，随着彼此信任的加深，我们相信调查的可靠性、数据的真实性都会得到不断的提高。

1.2 数据质量控制

1.2.1 质量控制

除了采用电子化的访问系统（CAPI）外，本项目还设计了较为完善的质量监控系统，以期尽可能地降低人为因素导致的误差。具体包括：

1.2.1.1 严格的样本管理

拟访问的样本将由电脑进行样本信息的管理、分发和调配，访员不能为减少访问难度而随意更换样本，从而最大限度地保证样本的随机性和代表性。访员必须在六次被拒访或无人应答的情况下，才能向督导申请更换样本，而督导必须在亲自确认无法访问后才能更换样本。

与 CAPI 系统相伴随的样本管理系统是该工作顺利进行的关键因素。该系统主要功能包括样本建立、样本发放、样本调配、样本维护、样本追踪、访员、督导的管理、核查样本的发放情况和执行情况。其具体处理流程如下：

第一，根据第三阶段抽样得到的抽样结果（房屋编号、底图编号、住宅地址信息等）建立样本数据。

第二，输入访员、实地督导等人员数据信息，并建立访员与督导的对应关系。

第三，根据样本投放目标，建立样本发放规则，样本发放给督导或访员。

第四，实时接收各客户端传回的数据，按既定规则做数据呈现。

该部分采集的数据主要包括：样本接收时段的数据、样本投放时段的数据、样本变更的历史数据等。

1.2.1.2 详细的访问管理系统

访问管理系统的主要功能包括四个方面：一是接收样本管理与追踪系统发放的样本数据；二是与受访户联系，对接触信息进行采集；三是通过 Blaise 问卷进行调查数据采集；四是及时回传采集到的数据。

该部分采集的数据主要包括：调查数据、接触信息数据（接触时间、接触结果、接触方式、接触环境、预约时段、预约方式等）、访员的行为数据（答题时间、答题间隔、答题次序、键盘鼠标操作记录等）、样本的回传时段数据等。

1.2.1.3 及时的数据回传

上述数据通过数据同步，在客户端用户以 VPN 方式接入服务器，在通信链路稳定的前提下，利用服务器与工作主机的分发与订阅模式进行数据同步，以满足后台工作人员对访问数据进行准实时分析与质量核查的要求。

1.2.2 数据核查

在访问的接触阶段，我们要求访员详细记录每次接触的相关信息，例如敲门时间、陪同人员、受访者的反应等，这些信息有助于分析受访户拒访的原因，并为进一步的应对方案提供依据，还可以防止访员随意更换样本的行为。

借助 CAPI 系统的数据记录功能，从访谈的录音至访员的每一个鼠标键盘操作的记录，访员在访问过程中的所有"行为数据"（Paradata）均被如实详细记录。在网络条件允许的区域，该记录能及时传回项目服务器，从而实现准实时监控。具体工作包括：

（1）电话回访：对所有拥有电话的家庭进行回访，确认受访户是否接受过访问。

（2）录音核查：对访问过程中的全部录音通过回放的方式进行核查。

（3）行为数据分析：对于调查搜集到的行为数据进行检查和统计分析。

1.3 家庭人口特征

1.3.1 家庭构成

2013 年，CHFS 共收集到有效样本约 28 000 户，其中个人信息的样本量为 98 045 人，平均家庭规模为 3.5 人。城市和农村的家庭规模分别为 3.2 人和 4 人。由 1 人组成的家庭有 2 754 户，占样本比重为 9.9%；由 2 人组成的家庭有 8 492 户，占样本比重为 30.6%；由 3 人组成的家庭有 7 443 户，占样本比重为 26.8%；由 4 人组成的家庭有 4 361 户，占样本比重为 15.7%；由 5 人组成的家庭有 2 810 户，占样本比重为 10.1%；由 6 人组成的家庭有 1 278 户，占样本比重为 4.6%；由 6 人以上组成的家庭有 605 户，占样本比重为 2.2%。不同家庭规模的构成比例如图 1-3 所示。

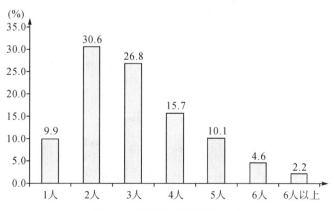

图 1-3 不同家庭规模的构成

1.3.2 性别结构

基本的统计描述如表 1-7 所示，男性 49 903 人，女性 48 141 人，男女性别比例为 103.7∶100。性别城乡比例分布差异较大，其中城市男女性别比例为 100.2∶100，农村男女性别比例为 109.5∶100。

表 1-7　　　　　　　　　　　　　年龄及性别结构表

项目	平均年龄（周岁）	年龄中位数（周岁）	不同年龄组人口所占比例（%）			
			少儿	劳动力	老年人	总人口
总人口	39	40	15.0	65.8	9.2	—
男性	38	39	16.1	65.8	18.1	—
女性	40	41	13.9	66.5	19.7	—
性别比例			123.5	102.3	94.6	103.7
城市			122.5	98.7	94.6	100.2
农村			125.0	108.4	95.5	109.5

注：根据我国对不同年龄的划分，少儿人口是指15周岁以下的人群，劳动年龄人口是指15周岁以上（包括15周岁）和60周岁以下的人群，60周岁以上为老年人口。性别比例为男性人口和女性人口的比例，女性人口以100为基数。

专题 1-1：性别比例失衡加剧

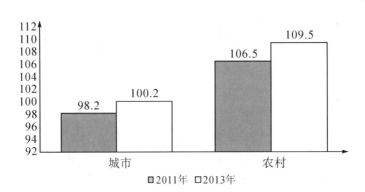

图 1-4　性别比例变化趋势

由图 1-4 可知，我国的性别比例失衡依然存在，并且无论是城市还是农村，都存在失衡加剧的趋势，而农村的失衡状况更为明显。通过数据的动态对比，性别不平衡的发展趋势不容乐观。

专题 1-2：性别失衡与平均受教育年限

性别比例的失衡不仅表现为男女比例上的差别，也体现为男性与女性平均受教育年限的差别。如表 1-8 所示，男性的平均受教育年限明显高于女性，农村的男女平均受教育年限的差别最大，为 1.7 年。

表 1-8 性别与平均受教育年限

地区	性别	平均受教育年限（年）
总体	男	9.9
	女	8.7
城市	男	10.9
	女	9.9
农村	男	8.2
	女	6.5

不仅如此，在劳动年龄人口中，如表 1-9 所示，男性的平均受教育年限也高于女性，农村的男女平均受教育年限的差别最大，为 1.3 年。

表 1-9 劳动年龄人口的性别与平均受教育年限

地区	性别	平均受教育年限（年）
总体	男	10.5
	女	9.8
城市	男	11.5
	女	11
农村	男	9
	女	7.7

同时，图 1-5 也进一步表明，性别比例的失衡不仅存在城乡的不平衡，还存在地域和年龄段分布的不平衡。各地区性别失衡比例上升的同时，中部的上升速度最快；少儿组的性别比例失衡非常显著。总体来看，我国的性别比例失衡在加剧。

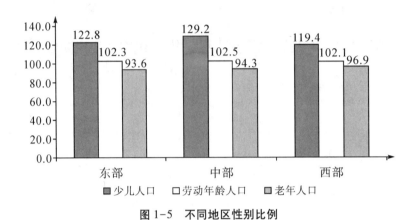

图 1-5 不同地区性别比例

1.3.3 年龄结构

如表 1-7 所示，少儿人口、劳动年龄人口和老年人口占总人口比重分别为 15.0%、65.8%和 19.2%，60 周岁以上和 65 周岁以上人口占总人口的比例分别为 19.2% 和 11.5%。如表 1-10 所示，我国的总抚（扶）养比、少儿抚养比和老人扶养比分别为 51.1%、22.1%和 29.0%。

表 1-10 人口负担分析表

区域	总抚（扶）养比（%）	少儿抚养比（%）	老人扶养比（%）
总体	51.1	22.1	29.0
东部	50.9	21.3	30.6
中部	50.3	22.3	28.0
西部	52.1	24.6	27.5
城市	48.9	20.4	28.5
农村	54.7	25.0	29.7

注：总抚（扶）养比是指少儿和老年人口占劳动年龄人口的比例；少儿抚养比是指少儿人口占劳动年龄人口的比例；老人扶养比是指老年人口占劳动年龄人口的比例。

专题 1-3：人口老龄化加剧

根据 2013 年 CHFS 调查数据，考察我国人口老龄化的情况，可以从两个指标比较：指标一是 60 周岁以上人口占总人口比例，指标二是 65 周岁以上人口占总人口比例。表 1-11 描述了人口老龄化的标准及实际情况。

表 1-11 人口老龄化情况

指标	老龄化指标	标准	全国
指标一	60 周岁以上人口比例	10%	19.2%
指标二	65 周岁以上人口比例	7%	11.3%

如图 1-6 所示，两个指标的横向和纵向的情况都显示我国人口老龄化加剧。与此同时，如果考虑抚（扶）养比的因素，2013 年少儿抚养比低于老人扶养比。2013 年与 2011 年之间的变化幅度也反映出老人扶养比相对于少儿抚养比有显著上升，不考虑人口流动的因素，未来老龄化的趋势可能更加严重。且图 1-6 显示，城市和农村的少儿抚养比都低于老人扶养比，因此无论是城市还是农村，老龄化已经成为显著的现象并存在加剧的趋势。

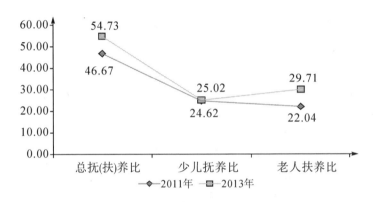

图 1-6 2011 年与 2013 年抚（扶）养比对比

1.3.4 学历结构

如表 1-12 和图 1-7 所示，在调查样本中，文盲和半文盲人数为 8 381 人，所占比例为 10.0%；小学学历人数为 16 952 人，所占比例为 20.5%；初中学历人数为 25 725 人，所占比例为 31.1%；高中学历人数为 12 163 人，所占比例为 14.7%；中职或职高学历人数为 4 764 人，所占比例为 5.8%；大专或高职学历人数为 6 307 人，所占比例为 7.6%；本科学历人数为 7 654 人，所占比例为 9.3%；硕士以上学历人数为 790 人，所占比例为 1.0%。

表 1-12　　　　　　　　　　　　　　　总体学历结构

学历	人数（人）	比例（%）
文盲和半文盲	8 381	10.0
小学	16 952	20.5
初中	25 725	31.1
高中	12 163	14.7
中专或职高	4 764	5.8
大专或高职	6 307	7.6
本科	7 654	9.3
硕士	650	0.8
博士	140	0.2

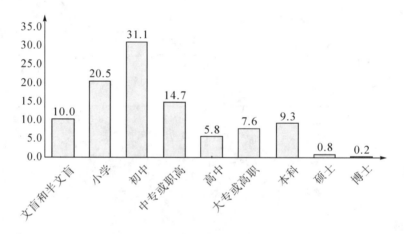

图 1-7　总体学历结构

　　由表1-12可知，2013年我国文盲和半文盲的比例依然较高，基本与2011年持平，初中及以下学历的比例略有下降，我国居民人均受教育年限较低的情况没有得到明显改善。但接受高等教育的比例有显著提高，从8.37%上升到10.27%，这反映了高校扩招政策的影响。

　　同时，受教育程度的城乡和地域分布存在不平衡。由表1-13可知，就城乡而言，城市和农村的受教育结构存在明显差别，农村集中于低水平教育阶段，而城市集中于高水平教育阶段。

表 1-13 城乡学历结构

学历	农村（%）	城市（%）
文盲和半文盲	16.6	6.2
小学	30.1	14.6
初中	34.4	29.0
高中	9.7	17.8
中专或职高	3.0	7.4
大专或高职	2.7	10.6
本科	3.3	12.9
硕士	0.1	1.2
博士	0.1	0.3

由表 1-14 可知，就地域分布而言，西部的受教育情况要明显落后于东部和中部。其中西部和中部接受高等教育的人的比例分别为 8.31% 和 8.61%，远低于东部的 12.56%。

表 1-14 地域学历结构

学历	东部（%）	中部（%）	西部（%）
文盲和半文盲	8.16	10.00	13.18
小学	17.52	20.87	24.52
初中	30.50	33.76	29.27
高中	15.77	14.94	12.86
中专或职高	6.67	5.30	4.89
大专或高职	8.82	6.52	6.97
本科	11.17	7.87	7.80
硕士	1.12	0.62	0.44
博士	0.27	0.12	0.07

图 1-8、图 1-9、图 1-10 展示了不同年龄阶段的学历分布情况。在 35 周岁（不含）以下的人群中，接受高等教育人群在对应年龄阶段人群中的占比为 21.1%，而对于 35~50 周岁（不含）和 50 周岁以上的人群，这一比例分别为 8.0% 和 3.3%。这说明人口总体的受教育情况在不断发展，同一年龄层次中接受高等教育的人群比例逐渐上升。年轻人群相对于年长人群更有机会接受高等教育。

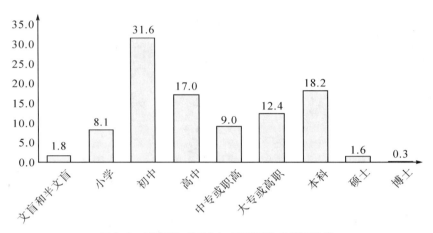

图 1-8　35 周岁（不含）以下受访者学历结构

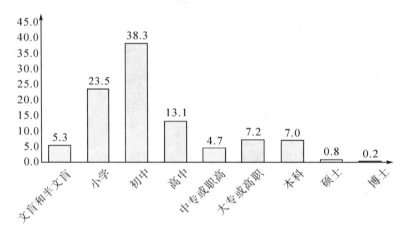

图 1-9　35~50 周岁（不含）受访者学历结构

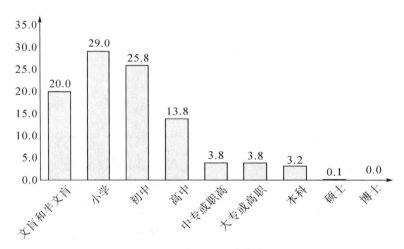

图 1-10　50 周岁以上受访者学历结构

专题 1-4：高等教育城乡差异在缩小

表 1-15   "70 后"、"80 后"本科及以上学历人数比例

地区	"70 后"	"80 后"
全国	10.6%	21.6%
城市	15.5%	28.9%
农村	1.2%	9.1%

如表 1-15 所示，"70 后"和"80 后"已经成为当今社会劳动人口的主力军，"70 后"城市人口接受高等教育的比例是农村人口的近 13 倍，"80 后"城市人口接受高等教育的比例是农村人口的近 3 倍。由这组数据可以得知，虽然高等教育在城乡之间依然存在差距，但这一差距在过去的十年间已经缩小了近 10 倍，是一个巨大的进步。同时，无论是城市还是农村，接受高等教育的绝对比例也大大提高。这也从一个侧面反映了国家促进高等教育发展的成果。

1.3.5 婚姻状况

CHFS 2013 年的样本中，婚姻状况为未婚的有 14 252 人，所占比例为 17.2%；婚姻状况为已婚的有 62 833 人，所占比例为 76%；婚姻状况为同居的有 280 人，所占比例为 0.3%；婚姻状况为分居的有 138 人，所占比例为 0.2%；婚姻状况为离婚的有 1 118 人，所占比例为 1.4%；婚姻状况为丧偶的有 4 116 人，所占比例为 5.0%。见表 1-16。

表 1-16   婚姻状况的构成比例   单位:%

区域	未婚	已婚	同居	分居	离婚	丧偶
总体	17.2	75.9	0.3	0.2	1.4	5.0
城市	16.6	76.4	0.4	0.2	1.7	4.7
农村	18.3	75.1	0.2	0.2	0.8	5.4

专题 1-5：城乡婚姻状况存在差异

2013 年的调查显示，我国城市和农村婚姻状况存在明显的差异，主要表现为城市已婚、同居、分居、离婚的比例均显著高于农村，而农村未婚比例显著高于城市，如表 1-16 所示。就未婚人群（此报告定义为 30 周岁以上未婚男女）而言，"剩男"、"剩女"的城乡分布存在显著差异。如表 1-17 所示，农村"剩男"的比例远远高于城市，而城市"剩女"的比例远远高于农村。与 2011 年相比，这种差异有明显扩大的趋势。造成差异的

潜在原因主要是城乡性别比例的失衡。正如表1-10所展示的，城市和农村的男女性别比例分别为100.2∶100和109.5∶100。

表1-17　　　　　　　　　30周岁以上未婚人群分布情况

性别	人数（人）	城市		农村	
		比例(%)	受教育年限(年)	比例(%)	受教育年限(年)
男性	533	43.2	10.3	73.6	7.6
女性	531	74.3	10.3	26.5	5.0
合计	1 064	56.8	10.3	26.7	6.9

城市离婚率高于农村近1倍，城市居民的婚姻状况可能比农村居民更加不稳定。同时如图1-11所示，婚姻状况最不稳定的年龄段为40~50周岁（不含），其次是30~40周岁（不含）。在城市，丧偶女性人数是丧偶男性人数的3.5倍，这与女性平均寿命高于男性的研究结论一致。

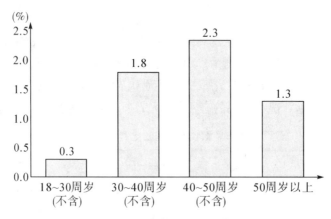

图1-11　不同年龄阶段离婚率

专题1-6："剩男""剩女"

过去的几年，相亲类的电视节目受到热捧，而在2013年11月11日"光棍节"，中国电子销售商创造了350亿元的新业绩，这些都反映了社会对"剩男""剩女"的关心。如果考察年龄为30~40周岁（不含）的未婚人群，如表1-18所示，全国的"剩男""剩女"比例为2.6∶1，城市的"剩男""剩女"比例为2∶1，农村的"剩男""剩女"比例为4.2∶1。数据显示，"剩男"的问题更加突出，这也与人口比例失衡的现象一致。

| 表 1–18 | | | 30～40 周岁（不含）未婚人群 | | | |

性别	受教育年限（年）					
	全国	单身	城市	单身	农村	单身
男	10.8	10.8	12.0	12.5	8.7	8.4
女	10.2	12.2	11.5	13.2	7.6	9.2

　　从 30～40 周岁（不含）的未婚人群的平均受教育年限来看，对于女性而言，无论是城市还是农村，30～40 周岁（不含）的未婚女性的平均受教育年限高于平均水平，且城市 30～40 周岁（不含）的未婚女性平均受教育年限最高；对于男性而言，30～40 周岁（不含）的未婚男性的平均受教育年限低于女性，但无论是城市还是农村，未婚男性和全国平均水平相差并不大。

2 农村家庭的就业

根据中国家庭金融调查数据，农村经济活动人口占总人口的 60.7%，就业人口占经济活动人口的 97.4%。农村 60 周岁以上经济活动人口中有 50.6% 仍然在工作，其中 91.0% 仍然在从事农业生产活动。从就业类型来看，农村就业人口中 56.6% 从事农业生产，43.4% 从事非农业生产。农业生产人口的平均受教育年限仅 6.2 年，平均年龄高达 50.7 周岁，男性比例只有 49.5%。从家庭来看，农业生产型家庭占 37.6%，非农业生产型家庭占 31.8%，混合型家庭占 30.6%。农村家庭和人口的就业呈现出明显的非农业化趋势。

2.1 就业人口

根据我国统计制度，经济活动人口是指所有年龄在 16 周岁及以上，在一定时期内为各种经济生产和服务活动提供劳动力供给的人口。这些人被视为实际参加或要求参加社会经济活动的人口，也称为现实的人力资源。它处于就业或失业的状态，是就业人口和失业人口之和。

根据中国家庭金融调查数据，农村经济活动人口为年龄在 16 周岁及以上，有工作或失业或从事季节性工作的农村人口。表 2-1 是农村经济活动人口情况。

表 2-1	农村经济活动人口及就业				单位:%
	农村	东部农村	中部农村	西部农村	全国
经济活动人口/总人口	60.7	59.4	62.3	60.2	54.2
就业人口/经济活动人口	97.4	96.8	97.8	97.5	94.6

从表 2-1 可知，目前农村经济活动人口占总人口比例为 60.7%，高于全国的 54.2%；农村经济活动人口中就业人口占 97.4%，略高于全国 94.6% 的水平。

分地区来看，东部农村经济活动人口占总人口比例为 59.4%，略低于农村 60.7% 的水平，西部农村的比例与农村持平，而中部农村的比例则高于农村的水平。农村就业人口占经济活动人口的比例在东、中、西部的占比分别为96.8%、97.8%和97.5%，差异不大。

由于农村经济活动人口和就业人口比例都显著高于全国平均水平，下面进一步分析其年龄结构。表2-2是农村60周岁以上经济活动人口和就业人口比例。

表2-2　　　　　　　农村60周岁以上经济活动人口和就业人口　　　　单位：%

	农村	城镇	全国
经济活动人口	50.6	13.5	31.6
就业人口	50.0	12.2	30.6

从表2-2可知，农村60周岁以上经济活动人口50.6%，远远高于城镇13.5%的比例；农村60周岁以上就业人口50.0%，也远远高于城镇12.2%的比例。因此，农村经济活动人口和就业人口比例的差异主要来自农村老人的就业状况。

根据中国家庭金融调查，我国就业人口的工作性质分为7种，分别是：受雇于他人或单位、经营个体或私营企业及自主创业、在家务农、返聘、自由职业、季节性工作和其他。其中，在家务农属于农业生产活动，其他6种属于非农业生产活动。表2-3是60周岁以上就业人口的工作性质。

表2-3　　　　　　　农村60周岁以上就业人口工作性质　　　　单位：%

	农村
农业生产	91.0
非农业生产	9.0

从表2-3可以进一步看出，农村60周岁以上就业人口主要从事农业生产活动，占比高达91.0%。

图2-1按照每10周岁为间隔划分年龄区间，描述了农村就业人口中，不同年龄阶段的务农比例。从图2-1中可以清楚地看出，随着年龄的增加，农村就业人口的务农比例增加，16~30周岁，农村人口务农比例仅为21.3%，而60周岁以上的农村就业人口有91.0%的比例在从事农业生产。综合前面结果可以知道，农村中青年从事农业生产人数相对于中老年偏少，而且农村60周岁以上老人虽然已经达到通常的退休（养老）年龄，但是仍然在从事农业生产。

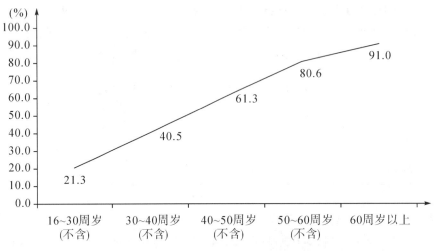

图 2-1　农村人口不同年龄阶段从事农业生产比例

2.2　就业类型

表 2-4 是我国农村就业人口的就业类型。全国有 30.7% 的就业人口在从事农业生产活动，69.3% 的就业人口从事非农业生产活动，这表明我国人口就业的主要渠道是二三产业。在农村就业人口中，从事农业生产活动的比例为 56.6%，从事非农业生产活动的比例为 43.4%。因此，我国农村就业人口就业的非农业化趋势非常明显。

从区域来看，从事农业生产活动的农村就业人口比例最高的是西部地区，为 61.5%，最低的是东部地区，为 48.4%，两者相差 13.1 个百分点。

表 2- 4		农村人口的就业类型			单位:%
	农村	东部农村	中部农村	西部农村	全国
农业生产	56.6	48.4	58.7	61.5	30.7
非农业生产	43.4	51.6	41.3	38.5	69.3

表 2-5 刻画了农村就业的人口特征，包括受教育年限、年龄和男性比例。农村从事农业生产经营活动的就业人口受教育年限平均为 6.2 年，从事非农业生产经营活动的就业人口受教育年限平均为 9.0 年。这表明，在家务农者大多数都是低学历，受教育年限比非农业生产者少 2.8 年。从事农业生产者的年龄平均为 50.7 周岁，从事非农业生产者的年龄平均为 35.6 周岁，两者相差 15.1 周岁。这表明，农村家庭成员中在家务农者的年龄明显偏大。另外，从事农业生产的劳动者中有 49.5% 为男性，而从事非农业生产的劳动者中男

性比例为 65.4%, 远远高于前者。可见, 农村就业人口中农业生产者呈现出低学历、高年龄和男性偏少的特点。

表 2-5 农村就业人口特征

	受教育年限（年）	年龄（周岁）	男性比例（%）
农村	7.4	43.9	56.6
农业生产	6.2	50.7	49.5
非农业生产	9.0	35.6	65.4

2.3 就业性质

表 2-6 是农村就业人口中从事非农业生产活动的性质。农村非农业就业人口中 71.3% 受雇于他人或单位, 15.9% 经营个体或私营企业及自主创业, 9.6% 为自由职业, 这三种类型共计占到非农业就业人口的 96.7%。

分地区来看, 农村从事非农业就业人口中前三种工作性质在东、中、西部的占比分别为 97.2%、96.5% 和 96.4%, 差异不大。然而, 自主创业比例的地区差异较为明显, 在东、中、西部的比例分别为 18.0%、16.2% 和 13.1%, 东部最高, 西部最低, 两者相差 4.9 个百分点。

表 2-6 农村就业人口从事非农业生产活动性质　　　　　　　　　单位:%

	农村	东部农村	中部农村	西部农村
受雇于他人或单位	71.3	69.8	71.4	72.8
自主创业	15.9	18.0	16.2	13.1
自由职业	9.6	9.4	8.9	10.5
季节性工作	2.4	1.7	2.7	2.9
返聘	0.1	0.1	0.1	0.1
其他	0.7	1.0	0.7	0.6
合计	100.0	100.0	100.0	100.0

2.4 职业分布

表 2-7 是工作性质为受雇于他人或单位和其他两类的职业分布。从职业来看，全国就业人口的职业主要分布在专业技术人员、商业或服务业人员和生产或运输设备操作人员及有关人员中，分别占到 34.6%、23.9% 和 14.1%。农村与全国情况类似，就业人口的职业也主要分布在这三种类型中，分别占到 32.1%、18.3% 和 28.4%，共计 79.5%。但与全国情况不尽相同，农村作为生产或运输设备操作人员及有关人员的比例相对更高，比全国高出 14.3 个百分点。

表 2-7	农村非农业就业人口的职业分布	单位:%
职业	农村	全国
生产技术人员	32.1	34.6
办事人员	8.6	15.2
商业、服务业人员	18.3	23.9
农、林、牧、渔、水利生产人员①	6.7	1.9
生产、运输设备操作人员及有关人员	28.4	14.1
管理人员	5.7	10.1
军人	0.2	0.2
合计	100.0	100.0

2.5 行业分布

表 2-8 是农村人口就业的行业分布。如表 2-8 所示，全国行业分布主要集中在制造业、建筑业和交通运输、仓储及邮政业，分别占到 16.0%、10.9% 和 8.2%，共计 35.1%。相对于全国而言，农业就业人口的行业分布更为集中，主要分布在制造业、建筑业和农、林、牧、渔业中，尤其是制造业和建筑业，分别占到 22.0% 和 25.4%，共计 47.4%。

---

① 此处指在农、林、牧、渔相关农业生产单位（如农业企业）中就职的人员，由于不是家庭经营，故归入非农业就业中。以下相同。

表 2-8	农村非农业就业人口的行业分布	单位:%
行业	农村	全国
农、林、牧、渔业	9.3	4.0
采矿业	4.4	1.9
制造业	22.0	16.0
电力、煤气及水的生产和供应业	3.2	3.7
建筑业	25.4	10.9
交通运输、仓储及邮政业	5.0	8.2
信息传输、计算机服务和软件业	0.7	3.2
批发和零售业	3.7	7.0
住宿和餐饮业	4.3	4.6
金融业	0.7	4.3
房地产业	0.9	1.6
租赁和商务服务业	1.6	3.6
科学研究、技术服务和地质勘查业	0.1	0.7
水利、环境和公共设施管理业	0.8	1.4
居民服务和其他服务业	7.0	8.0
教育业	4.6	8.1
卫生、社会保障和福利业	3.7	6.3
文化、体育和娱乐业	0.5	1.9
公共管理和社会组织	2.1	4.6
合计	100.0	100.0

2.6 家庭就业类型

　　根据家庭成员就业性质,本报告将农村家庭分为三种类型:纯农业生产型、纯非农业生产型和混合型。在农村就业家庭中,所有就业成员均在家务农的家庭属于纯农业生产型,所有就业成员均从事非农业生产经营活动的家庭属于纯非农业生产型,其余家庭则属于混合型,即家庭就业成员中既有务农者,也有从事非农业生产活动者。

　　表 2-9 是农村家庭的就业类型情况,纯农业生产型、纯非农业生产型和混合型的比例

分别占到37.6%、31.8%和30.6%。这一结果清楚地表明中国农村家庭就业格局发生着重大变化，纯农业生产型家庭比例只占到三分之一略多一点，而混合型和纯非农业生产型家庭占据了绝大多数。这进一步表明了中国农村家庭就业的非农业化趋势。

从区域来看，东部地区非农业生产型家庭较多，占到就业型家庭的40.4%，中部地区混合型家庭较多，占到39.4%，而西部地区农业生产型和混合型较多，只有大约25.4%的家庭属于非农业生产型。这与我国东西部地区经济发展的差异态势是一致的。

表2-9　　　　　　　　　　　农村家庭就业类型　　　　　　　　　　　单位:%

家庭类型	农村	东部农村	中部农村	西部农村
农业生产型	37.6	25.1	33.6	36.2
非农业生产型	31.8	40.4	27.0	25.4
混合型	30.6	34.5	39.4	38.4

表2-10是不同农村就业类型家庭的年龄特征情况。农业生产型、非农业生产型和混合型家庭的平均年龄分别为40.2周岁、37.6周岁和36.2周岁。可以看出从事农业生产型的家庭平均年龄较高，而从事混合型的家庭其平均年龄较低。分地区来看，西部农业生产型家庭的平均年龄为39.2周岁，低于东、中部农村家庭；而从事非农业生产型和混合型生产的农村家庭，其中部地区的平均年龄低于东、西部农村家庭。

表2-10　　　　　　　　　　农村家庭就业类型的年龄特征　　　　　　　　单位:周岁

就业类型	农村	东部农村	中部农村	西部农村
农业生产型	40.2	41.9	40.1	39.2
非农业生产型	37.6	38.1	37.1	37.5
混合型	36.2	37.3	34.9	36.7

表2-11是农村不同类型家庭从事农业生产的平均受教育年限情况。从事农业生产、非农业生产和混合型生产的家庭，其平均受教育年限为6.7年、8.1年、7.8年，可以看出从事非农业生产的家庭接受了更多时间的教育。分地区来看，同样呈现出非农业生产家庭的受教育年限最高，其次是混合型家庭，农业生产型家庭最低。在农业生产型家庭和混合型家庭中，中部地区的受教育年限最高；而在非农业生产型家庭中，东部地区的受教育年限最高。

表 2-11 农村家庭就业类型与受教育年限　　　　　　　　单位：年

就业类型	农村	东部农村	中部农村	西部农村
农业生产型	6.7	6.9	7.1	6.2
非农业生产型	8.1	8.6	7.8	7.7
混合型	7.8	7.9	8.0	7.5

表 2-12 是不同类型农村家庭的平均收入情况。农业生产型家庭、非农业生产型家庭和混合型家庭的平均收入分别为 20 219 元、55 048 元和 42 591 元，从事非农业生产家庭的收入是农业生产型家庭收入的 2.7 倍，混合型家庭的收入是农业生产型家庭收入的 2.1 倍，都远远高于农业生产型家庭。分地区来看，也同样呈现出非农业生产家庭和混合型家庭收入远远高于农业生产型家庭收入的情况。在农业生产型和混合型家庭中，中部地区的农村家庭收入相对较高；而从事非农业生产家庭，则东部地区的农村家庭收入较高。

表 2-12 农村家庭就业类型与平均收入　　　　　　　　单位：元/年

就业类型	农村	东部农村	中部农村	西部农村
农业生产型	20 219	19 024	22 242	19 092
非农业生产型	55 048	63 727	46 653	51 386
混合型	42 591	38 546	46 395	41 855

3 农村家庭的收入

本章主要分析农村家庭收入情况。研究发现，农村家庭收入水平较低，户均收入只有全国平均水平的 58.8%，凸显了我国城乡家庭收入差距巨大。从区域来看，农村家庭户均收入东部最高，为 41 786 元；中部次之，为 35 046 元；西部最低，为 33 183 元。从收入结构来看，农村家庭收入 48.6% 来自工资性收入，21.7% 来自农业收入，17.8% 来自转移性收入。工资性收入占总收入的比重，东部农村家庭最高，为 50.5%；中部次之，为 48.5%；西部最低，为 46.3%。这说明非农业收入已经成为农村家庭重要的组成部分。工商业收入同样是东部农村家庭最高，这与我国东部农村家庭创业比例高有很大关系。东、中、西部农村家庭转移性收入分别为 8 923 元、4 675 元和 6 135 元，东部最高。在收入差距上，东部农村收入差距大于中西部农村地区。

3.1 收入概况

3.1.1 农村家庭的总收入水平

农村家庭总收入包括农业收入和非农业收入。农业收入指从事农业生产经营活动的净收入，即农业毛收入减去农业生产成本。非农业收入包括工资性收入、工商业收入、财产性收入和转移性收入。

如图 3-1 所示，我国家庭户均总收入为 62 155 元，中位数为 36 000 元，相对而言，农村家庭收入远远低于全国水平。我国农村家庭户均总收入为 36 560 元，只有全国家庭收入水平的 58.8%；农村家庭总收入中位数为 20 900 元，仅有全国的 58.1%，这说明我国城乡家庭收入差异巨大。

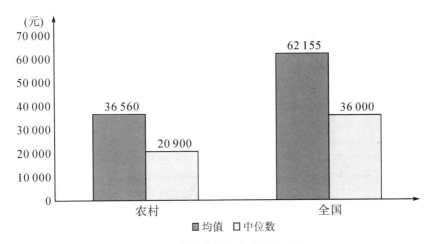

图 3-1　我国农村家庭总收入水平

从区域来看，我国农村家庭的收入分布也呈现出从东到西递减的特点。我国东、中、西部地区农村家庭总收入均值分别为 41 786 元、35 046 元和 33 183 元，中位数分别为 23 250 元、21 500 元和 18 190 元，东部和西部农村家庭收入相差 1.3 倍。

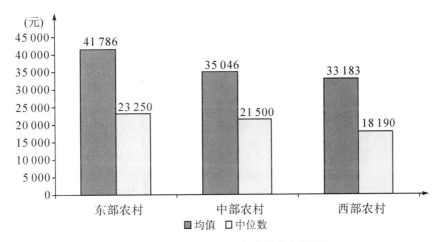

图 3-2　我国东、中、西部农村家庭总收入

3.1.2　农村家庭的总收入结构

表 3-1 统计了农村家庭总收入的构成情况。我国农村家庭总收入包括农业收入、工资性收入、工商业收入、财产性收入和转移性收入，均值分别为 7 927 元、17 764 元、3 820 元、529 元和 6 520 元，在家庭总收入中的占比分别为 21.7%、48.6%、10.4%、1.4% 和 17.8%。由此可见，农村家庭总收入中贡献最大的是工资性收入，占总收入的比重接近一半，其次是农业收入和转移性收入。

表 3-1　　　　　　　　　　　我国农村家庭总收入结构

收入类型	均值（元）	比例（%）
农业收入	7 927	21.7
工资性收入	17 764	48.6
工商业收入	3 820	10.4
财产性收入	529	1.5
转移性收入	6 520	17.8
总收入	36 560	100.0

　　从区域来看，农村家庭收入水平不仅在总量上有地区差异，在收入结构层面也各具特点。东部地区农村家庭农业收入、工资性收入、工商业收入、财产性收入和转移性收入分别为 5 303 元、21 122 元、5 728 元、709 元和 8 923 元，其收入来源主要为工资性收入、转移性收入和工商业收入，分别占到家庭总收入的 50.5%、21.4% 和 13.7%。东部农村家庭的农业收入占比远远低于中部和西部，仅有 12.7%，而工商业收入占比相对较高。

　　中部地区农村家庭农业收入、工资性收入、工商业收入、财产性收入和转移性收入分别为 10 596 元、17 013 元、2 461 元、300 元和 4 675 元，其收入来源主要为工资性收入、农业收入和转移性收入，分别占到家庭总收入的 48.5%、30.2% 和 13.3%。相对而言，中部农村家庭的农业收入占比较大，占到总收入的近 1/3，高于东部地区。

　　西部地区农村家庭农业收入、工资性收入、工商业收入、财产性收入和转移性收入分别为 7 682 元、15 366 元、3 408 元、593 元和 6 135 元，可见收入来源主要为工资性收入、农业收入和转移性收入，分别占到家庭总收入的 46.3%、23.1% 和 18.5%。这与中部地区情况相似。

表 3-2　　　　　　　　　　东、中、西部农村家庭收入结构

	东部		中部		西部	
	均值(元)	比例(%)	均值(元)	比例(%)	均值(元)	比例(%)
农业收入	5 303	12.7	10 596	30.2	7 682	23.1
工资性收入	21 122	50.5	17 013	48.5	15 366	46.3
工商业收入	5 728	13.7	2 461	7.0	3 408	10.3
财产性收入	709	1.7	300	1.0	593	1.8
转移性收入	8 923	21.4	4 675	13.3	6 135	18.5
合计	41 786	100.0	35 046	100.0	33 183	100.0

　　注：东部农村家庭平均农业收入低于中部地区，是因为东部地区从事农业生产经营的家庭比例低于中部。东、中、西部农村家庭从事农业生产经营的比列分别为 59.6%、73.0%、74.6%。此外，东部农村家庭从事农业生产经营的亏损比例高，东、中、西部农村家庭农业生产经营亏损比例分别为 7.8%、4.6%、5.6%。

3.2 农业收入

农业收入指从事农业生产经营项目中的净收入情况，即农业毛收入减去农业生产成本。同时，农业收入也包括了家庭从事农业生产经营获得的食物补贴和货币补贴。农业生产成本包括家庭因农业生产经营而产生的雇佣成本以及其他成本。

表 3-3 描述了农村家庭农业生产经营收入情况，包括毛收入、生产成本和农业净收入。如表 3-3 所示，我国农村家庭农业生产经营毛收入 17 517 元，农业生产性支出 9 590 元，成本率为 54.7%，农业净收入均值 7 927 元。

从统计数据来看，农业收入的地区差异较为明显。东部地区农村家庭的农业毛收入为 16 909 元，生产成本为 11 606 元，成本率高达 68.6%，农业净收入为 5 303 元。中部地区农村家庭的毛收入为 20 359 元，生产成本为 9 763 元，成本率为 48%，农业净收入水平高达 10 596 元。西部地区农村家庭的毛收入为 15 198 元，生产成本为 7 516 元，成本率为 49.5%，农业净收入为 7 682 元。可以看出，东部地区农业生产的成本最高。

表 3-3　　　　　　　　　　农村家庭农业生产经营收入情况　　　　　　　　　　单位：元

样本区间	毛收入	生产成本	成本率(%)	农业净收入（均值）
农村	17 517	9 590	54.7	7 927
东部农村	16 909	11 606	68.6	5 303
中部农村	20 359	9 763	48.0	10 596
西部农村	15 198	7 516	49.5	7 682

表 3-4 描述了农村家庭从事农业生产经营活动而获得农业补贴的情况。总体而言，53.6%的农村家庭获得农业补贴，户均获得 389 元。其中，中部地区获得农业补贴的农村家庭最多，占到 67.2%，获得的补贴金额也最高，户均为 648 元。相对而言，东部农村家庭不仅农业收入水平较低，获得的补贴也是最少的。东部地区获得补贴的农村家庭只有 41.6%，户均农业补贴金额仅有 205 元。西部农村家庭获得补贴的比例为 51.1%，户均金额为 298 元，处于东部农村和中部农村之间。

表 3-4　　　　　　　　　　农村家庭农业补贴情况

样本区间	获得补贴家庭比例（%）	农业补贴（均值，元）
农村	53.6	389
东部农村	41.6	205

表3-4(续)

样本区间	获得补贴家庭比例（%）	农业补贴（均值，元）
中部农村	67.2	648
西部农村	51.1	298

3.3 非农业收入

3.3.1 工资性收入

工资性收入是农村家庭总收入中最重要的来源，占比达到48.6%，主要包括第一职业和第二职业的税后货币工资、税后奖金、税后补贴或实物收入。如表3-5所示，农村家庭的工资性收入平均为17 764元，远低于全国水平。全国家庭户均工资性收入为30 119元，是农村家庭的1.7倍。农村家庭工资性收入中位数为0元，这说明了至少有半数的农村家庭没有工资性收入。

表3-5 　　　　　　　　　　　　农村家庭工资性收入

样本区间	均值	中位数
农村	17 764	0
全国	30 119	9 000

表3-6统计了我国农村家庭工资性收入的地区差异。东、中、西部农村家庭户均工资性收入分别为21 122元、17 013元和15 366元，东部地区农村家庭工资性收入相对最高，西部地区相对最低。从有工资性收入家庭比例来看，也呈现出从东到西依次递减的特点，家庭占比分别为48.2%、44.3%和42.7%。

表3-6 　　　　　　　　　　各地区农村家庭工资性收入情况

样本区间	均值（元）	有工资性收入家庭比例(%)
东部农村	21 122	48.2
中部农村	17 013	44.3
西部农村	15 366	42.7

3.3.2 工商业收入

工商业收入指家庭从事工商业经营项目（包括个体户和自主创业）所获得的净收入。

我国农村有 9.1% 的家庭从事工商业经营，比例远低于全国 14.2% 的水平。农村家庭不仅从事工商业经营的意愿相对不强，而且经营净收入水平也较低。如表 3-7 所示，我国农村家庭工商业收入均值为 3 820 元，仅为全国水平的 38.8%。

表 3-7 农村家庭工商业收入

样本区间	均值（元）	中位数（元）
农村	3 820	0
全国	9 849	0

从区域来看，东部地区农村家庭从事工商业经营的比例最高，为 10.8%，比中部和西部地区分别高出 2.2 个百分点和 2.4 个百分点。从经营净收入来看，我国东、中、西部地区农村家庭工商业收入均值分别为 5 728 元、2 461 元和 3 408 元，东部地区最高。

表 3-8 各地区农村家庭工商业收入

样本区间	均值（元）	有工商业家庭比例（%）
东部农村	5 728	10.8
中部农村	2 461	8.6
西部农村	3 408	8.4

表 3-9 统计了我国农村家庭从事工商业经营项目的行业分布。由表 3-9 可见，农村家庭从事工商业经营的行业分布比较集中，主要集中在批发和零售业，交通运输、仓储及邮政业，制造业，住宿和餐饮业，比例分别为 46.1%、15.9%、10.0% 和 9.6%，共计 81.6%。

表 3-9 农村家庭从事工商业经营项目行业分布 单位：%

行业	农村	全国
批发和零售业	46.1	43.0
交通运输、仓储及邮政业	15.9	11.9
制造业	10.0	7.5
住宿和餐饮业	9.6	11.4
居民服务和其他服务业	5.0	6.3
建筑业	4.1	5.9
租赁和商务服务业	2.8	4.4
卫生、社会保障和福利业	2.3	1.4

行业	农村	全国
文化、体育和娱乐业	1.2	2.2
电力、煤气及水的生产和供应业	1.0	0.8
信息、计算机、软件业	0.5	2.3
其他行业	1.5	2.9

表 3-10 统计了我国农村家庭从事工商业经营的利润情况。在从事工商业经营项目的农村家庭中，有 79.6% 是盈利家庭，5.4% 是亏损家庭，15.0% 的家庭既没有盈利也没有亏损。相对于全国，农村盈利家庭比例略高出 2.3 个百分点。此外，东部地区的农村盈利家庭相对更多。

表 3-10　　　　　　　　　农村家庭从事工商业经营利润情况　　　　　　单位：%

盈亏情况	农村	东部农村	中部农村	西部农村	全国
盈利家庭	79.6	81.0	79.4	78.0	77.3
亏损家庭	5.4	3.8	6.8	5.9	6.4
持平家庭	15.0	15.2	13.8	16.1	16.3
合计	100.0	100.0	100.0	100.0	100.0

3.3.3　财产性收入

财产性收入主要包括金融投资收入、房屋土地出租收入。其中，金融投资收入包括定期存款利息收入、股票差价或分红收入、债券投资获得的收入、基金差价或分红收入、金融衍生产品投资收入、金融理财产品获得的收入、非人民币资产投资获得的收入和黄金投资获得的收入等。房屋土地出租收入包括土地出租获得的租金及土地分红、房屋出租获得的租金和商铺出租的租金收入等。

我国农村有 16.4% 的家庭拥有财产性收入，比全国低 7.1 个百分点。表 3-11 统计了我国农村家庭财产性收入水平和结构。如表 3-11 所示，我国农村家庭投资性收入均值为529 元，远远低于全国家庭的 2 133 元，仅为全国水平的 24.8%。从财产性收入结构看，大部分是农村家庭的房屋土地出租收入，占比为 78.6%。数据显示，我国农村家庭的财产性收入远远低于全国平均水平，其中金融投资收入和房屋土地出租收入分别相差 7.0 倍和3.4 倍，差距明显。

表 3-11 农村家庭投资性收入情况

收入类型	农村		全国	
	均值（元）	占比（%）	均值（元）	占比（%）
金融投资收入	113	21.4	794	37.2
房屋土地出租收入	416	78.6	1 339	62.8
财产性收入	529	100.0	2 133	100.0

我国东、中、西部地区农村家庭拥有财产性收入的比例分别为 21.1%、13.9% 和 14.7%，东部农村地区明显更高，分别高出中部农村和西部农村 7.2 个百分点和 6.4 个百分点。表 3-12 给出了我国农村家庭财产性收入的地区差异。东部、中部和西部地区农村家庭投资性收入分别为 709 元、300 元和 593 元，东部地区的财产性收入水平最高。

就财产性收入构成部分来看，东部农村家庭的金融投资收入最高，已经占到财产性收入的 30.4%。东部农村家庭金融投资收入均值为 216 元，是中部农村家庭的 4.3 倍，是西部农村家庭的 2.7 倍，说明东部农村家庭的投资理财意识更强。房屋土地出租收入方面，则是东部农村地区为 493 元，占到财产性收入的 69.6%；中部为 250 元，占比为 83.2%；西部为 512 元，占比为 86.5%。

表 3-12 农村家庭投资性收入的地区差异

收入类型	东部		中部		西部	
	均值（元）	占比（%）	均值（元）	占比（%）	均值（元）	占比（%）
金融投资收入	216	30.4	50	16.8	80	13.5
房屋土地出租收入	493	69.6	250	83.2	512	86.5
投资性收入	709	100.0	300	100.0	593	100.0

3.3.4 转移性收入

转移性收入包括关系性收入、房屋土地补贴收入、农业补贴收入、退休（养老）收入、保险收入及其他收入。其中，关系性收入包括春节和中秋节等节假日收入、红白喜事、教育、医疗、生活费、继承遗产和其他收入等；房屋土地补贴收入主要包括房屋拆迁的货币补偿、房屋拆迁时的房屋补偿（当时的价值）、土地征收的货币补偿金额，农业补贴包括货币补贴和实物补贴。

如表 3-13 所示，80.4% 的农村家庭获得了转移性收入，但收入水平远远低于全国。全国家庭的转移性收入平均为 15 457 元，中位数为 2 300 元，而农村家庭的转移性收入还不到全国的一半，均值为 6 520 元，中位数为 1 456 元。

表 3-13 农村家庭转移性收入概况

	农村	全国
家庭比例（%）	80.4	81.4
均值（元）	6 520	15 457
中位数（元）	1 456	2 300

从转移性收入的结构来看，我国农村家庭关系性收入、征地拆迁补偿、退休（养老）性收入、其他转移性收入分别为 1 480 元、1 287 元、2 018 元、1 113 元、622 元，分别占到转移性收入的 22.7%、19.7%、30.9%、17.1%、9.5%。可见，农村家庭转移性收入大部分来自于退休（养老）性收入、关系性收入和征地拆迁补偿，这三种收入占到转移性收入的 73.3%。与全国相比，农村家庭的关系性收入和征地拆迁补偿占比较大，分别比全国高出 8.9 个百分点和 8.3 个百分点。然而，农村的退休（养老）性收入占比较小，比全国低 21.3 个百分点，说明我国农村退休保障制度还有待完善。

表 3-14 农村家庭转移性收入构成

收入类型	农村		全国	
	均值（元）	占比（%）	均值（元）	占比（%）
关系性收入	1 480	22.7	2 128	13.8
征地拆迁补偿	1 287	19.7	1 766	11.4
退休（养老）性收入	2 018	30.9	8 071	52.2
保险性收入	1 113	17.1	2 417	15.6
其他转移性收入	622	9.6	1 075	7.0
转移性收入	6 520	100.0	15 457	100.0

表 3-15 统计了不同地区农村家庭转移性收入的差异。如表 3-15 所示，西部地区有转移性收入农村家庭的比例相对最高，为 83.0%；中部地区次之，为 80.3%；东部地区最低，为 77.9%。从均值来看，东、中、西部农村家庭转移性收入分别为 8 923 元、4 675 元和 6 135 元，地区差异明显，东部几乎是中部的两倍。但东部和中部农村家庭转移性收入的中位数都是 1 400 元，说明东部家庭转移性收入的差异更加明显。

表 3-15 农村家庭转移性收入的地区差异

	东部农村	中部农村	西部农村
家庭比例（%）	77.9	80.3	83.0
均值（元）	8 923	4 675	6 135
中位数（元）	1 400	1 400	1 520

从转移性收入的内部结构来看，不同地区也呈现出不同的特征。东部农村家庭转移性收入主要来自退休（养老）性收入、征地拆迁补偿和关系性收入，均值分别为 3 041 元、2 805 元和 1 444 元，占比分别为 34.1%、31.4% 和 16.2%（见表 3-16）。中部农村家庭转移性收入主要来自关系性收入、退休（养老）性收入和保险性收入，均值分别为 1 679 元、1 174 元和 897 元，占比分别为 35.9%、25.1% 和 19.2%。与东部地区不同，中部农村家庭的征地拆迁补偿非常少（均值为 249 元），在转移性收入中仅占 5.3%。西部农村家庭转移性收入主要来自退休（养老）性收入、关系性收入和保险性收入，均值分别为 1 912 元、1 310 元和 1 298 元，占比分别为 31.2%、21.4% 和 21.2%，其中保险性收入占比相对最高。

表 3-16 东、中、西部农村家庭转移性收入构成

收入类型	东部		中部		西部	
	均值（元）	占比（%）	均值（元）	占比（%）	均值（元）	占比（%）
关系性收入	1 444	16.2	1 679	35.9	1 310	21.4
征地拆迁补偿	2 805	31.4	249	5.3	915	14.9
退休（养老）性收入	3 041	34.1	1 174	25.1	1 912	31.2
保险性收入	1 151	12.9	897	19.2	1 298	21.2
其他转移性收入	483	5.4	676	14.5	700	11.3
转移性收入	8 913	100.0	4 675	100.0	6 151	100.0

3.4 收入差距

如表 3-17 所示，在 10、25、50、75、90 分位数上均表现为全国家庭收入水平高于农村家庭，即城镇家庭收入水平普遍高于农村。同时，随着分位数的增加，全国与农村家庭的收入差距不断加大。从标准差来看，农村家庭总收入标准差 83 817 元，远远低于全国家庭总收入的标准差，说明农村家庭收入差距相对比城市小。

从区域上说，在 10 分位数上，东部农村家庭总收入为 1 635 元，低于中部农村家庭的 2 500 元和西部农村家庭的 1 825 元。但在 50、75、90 分位数上，东部农村家庭总收入均高于中部和西部，特别是 90 分位数上，东部和西部相差 18 700 元。如果以 90 分位数收入与 10 分位数收入之比来衡量收入差距，东部地区农村家庭的收入差距相对更大，收入差距为 56 倍，而中部和西部的收入差距分别为 32.9 倍和 39.9 倍。从收入标准差来看，东、中、西部农村家庭总收入标准差分别为 89 559 元、84 067 元和 77 529 元，即东部地区农

村家庭的收入差距明显高于中、西部农村家庭。

表 3-17　　　　　　　　　　　　农村家庭总收入分布　　　　　　　　　　单位：元

	均值	标准差	10 分位	25 分位	50 分位	75 分位	90 分位
农村	36 560	83 817	2 000	6 500	20 900	47 160	82 680
东部农村	41 786	89 559	1 635	6 400	23 250	50 950	91 500
中部农村	35 046	84 067	2 500	7 300	21 500	47 100	82 200
西部农村	33 183	77 529	1 825	5 900	18 190	43 000	72 800
全国	62 155	172 173	2 600	11 850	36 000	72 350	127 800

　　图 3-3 描述了农村家庭收入水平与户主受教育年限之间的关系。将农村家庭按照家庭收入水平从低到高平均分为 5 组：低收入组、中等偏下收入组、中等收入组、中等偏上收入组和高收入组。不难看出，户主受教育年限越长的家庭，其家庭收入也越高。高收入家庭户主平均受教育年限为 8.7 年，而低收入家庭户主平均受教育年限只有 6.4 年，两者相差 2.3 年。可见，促进教育公平是缩小收入差距的重要有效渠道之一。

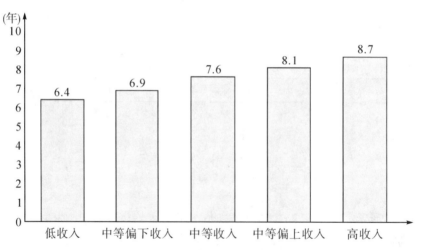

图 3-3　农村家庭收入与受教育年限

4 农村家庭的支出

本章把农村家庭的支出按照用途分为农业生产性支出、消费性支出和转移性支出三个部分。其中，农村家庭农业生产性支出均值为 9 590 元，消费性支出均值为 30 505 元，转移性支出均值为 2 645 元。统计发现我国农村有 75.0% 的家庭存在转移性支出，平均而言农村家庭将其总收入的 7.5% 用于转移性支出，高出城镇家庭 2.2 个百分点。

4.1 农业生产性支出

农村家庭农业生产性支出是农村家庭进行农业生产经营所产生的支出，主要由农业生产成本和农业雇人支出两个部分构成。表 4-1 统计了农村家庭农业生产性支出情况。如表 4-1 所示，农村家庭农业生产性支出为 9 590 元，中位数为 1 140 元。其中，农业生产成本为 9 116 元，占农业生产性支出的 95.1%；农业雇人支出为 473 元，占农业生产性支出的 4.9%。可见，农村家庭雇人支出仅仅是农业生产性支出中很小的一部分，而且雇人支出的中位数为 0，说明大部分家庭没有这部分支出。

表 4-1 农村家庭农业生产性支出

支出项目	均值（元）	中位数（元）	占比（%）
农业生产成本	9 116	1 000	95.1
农业雇人支出	473	0	4.9
生产性支出	9 590	1 140	100.0

表 4-2 按地区统计了农村家庭的农业生产性支出。如表 4-2 所示，东部地区农村家庭平均农业生产性支出为 11 606 元，中位数为 750 元；中部地区农村家庭平均农业生产性支出为 9 763 元，中位数为 2 000 元；西部地区农村家庭平均农业生产性支出为 7 516 元，中位数为 1 000 元。从农业生产性支出均值来看，东部地区最高，中部地区次之，西部地区最低；从农业生产性支出中位数来看，中部地区最高，西部地区次之，东部地区最低。

此外，从农业生产性支出的各子项来看，农业生产成本和农业雇人支出都呈现出从东到西依次递减的特点。

表 4-2   农村家庭农业生产性支出的地区差异   单位：元

支出项目	东部农村		中部农村		西部农村	
	均值	中位数	均值	中位数	均值	中位数
农业生产成本	10 825	700	9 364	2 000	7 257	1 000
农业雇人支出	781	0	399	0	259	0
生产性支出	11 606	750	9 763	2 000	7 516	1 000

4.2 消费性支出

4.2.1 消费性支出概况

家庭消费性支出是日常生活所发生的支出，包括食品支出、衣着支出、生活居住支出、日用品与耐用品支出、医疗保健支出、交通通信支出、教育娱乐支出和其他支出八个部分。

表 4-3 统计了农村家庭消费性支出情况。我国农村家庭消费性支出均值为 30 505 元，中位数为 20 250 元，远远低于全国家庭的 45 188 元和 31 520 元。在农村家庭消费性支出中，衣着支出为 1 526 元，生活居住支出为 6 481 元，日用品与耐用品支出为 2 047 元，医疗保健支出为 3 352 元，交通通信支出为 3 060 元，教育娱乐支出为 3 566 元，其他支出为 435 元。农村家庭较低的消费性支出凸显了城乡家庭在生活质量上的显著差距。

表 4-3   农村家庭消费性支出   单位：元

支出项目	全国		农村	
	均值	中位数	均值	中位数
食品支出	15 818	12 000	10 073	6 600
衣着支出	2 552	1 000	1 526	1 000
生活居住支出	8 722	2 726	6 481	1 200
日用品与耐用品支出	3 166	1 200	2 047	660
医疗保健支出	3 630	1 000	3 352	1 000
交通通信支出	4 629	2 160	3 060	1 440
教育娱乐支出	6 063	1 240	3 566	500

表4-3(续)

支出项目	全国		农村	
	均值	中位数	均值	中位数
其他支出	672	0	435	0
消费性支出	45 188	31 520	30 505	20 250

图4-1描述了我国农村家庭消费性支出的构成情况。如图4-1所示，在农村家庭消费性支出中，食品支出、生活居住支出和教育娱乐支出占比最大，分别占到消费性支出的33.0%、21.2%和11.8%，共计66.0%。这与全国的情况相似，全国家庭三项支出占比分别为35.0%、19.3%和13.4%，也是消费性支出的主要构成部分。

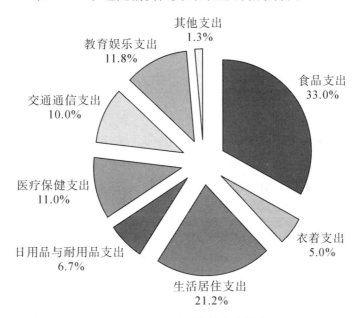

图4-1　农村家庭消费性支出构成

4.2.2　消费性支出与收入

表4-4计算了农村家庭各项消费性支出占家庭总收入①的比例。如表4-4所示，农村家庭消费性支出占到家庭总收入的83.5%，高出全国10.3个百分点。

数据显示，农村家庭食品支出占到家庭总收入的27.5%，生活居住支出占到17.7%，

---

① 农村家庭总收入包括农业收入和非农业收入。农业收入指从事农业生产经营活动的净收入，即农业毛收入减去农业生产成本。非农业收入包括工资性收入、工商业收入、财产性收入和转移性收入，其中工商业收入是指家庭从事工商业经营项目（包括个体户和自主创业）所获得的净收入。

医疗保健支出占到9.2%，教育娱乐支出占到9.7%。其中，食品支出、生活居住支出和医疗保健支出占比均远远高于全国水平。这三项支出都属于家庭日常必要支出，农村家庭较高的支出比例反映出农村家庭收入偏低，日常消费和医疗负担较重的现象。

表4-4　　　　　　　　　　农村家庭各项消费性支出占总收入比例　　　　　　　　单位:%

	全国	农村
食品支出	25.6	27.5
衣着支出	4.1	4.2
生活居住支出	14.1	17.7
日用品与耐用品支出	5.1	5.6
医疗保健支出	5.9	9.2
交通通信支出	7.5	8.4
教育娱乐支出	9.8	9.7
其他支出	1.1	1.2
消费性支出	73.2	83.5

我们将农村家庭调查样本按照家庭年税后收入水平（均不含本数）从低到高进行排序，依次分为五组：低收入家庭（收入最低的20%）、中低收入家庭（收入最低的20%~40%）、中等收入家庭（收入最低的40%~60%）、中上收入家庭（收入最高的20%~40%）、高收入家庭（收入最高的20%）。表4-5统计了不同收入层次的农村家庭消费性支出结构情况。

如表4-5所示，农村高收入家庭消费性支出占比最大的三项为食品支出、生活居住支出和交通通信支出。交通通信支出已经成为高收入家庭消费性支出的主要部分之一，占到13.3%，明显高于其他收入组家庭。此外，高收入家庭的食品支出、衣着支出也高于其他组别，这说明了高收入家庭对高质量食品的追求。

对于高收入组以外的4组家庭，其消费性支出占比最大的三项均为食品支出、生活居住支出和医疗保健支出。可见，大部分家庭的医疗费用负担较重，尤其是中低收入和低收入家庭，医疗保健支出占比分别为12.3%和13.2%。此外，中等收入以下家庭的教育娱乐支出已经占到10%以上，高于中上收入家庭和高收入家庭。教育娱乐支出的高占比并非由于这些家庭支出过多，而是因为需求旺盛但收入又不足导致的。

表4-5　　　　　　　　　不同收入层次的农村家庭消费性支出结构　　　　　　　　单位:%

支出项目	低收入	中低收入	中等收入	中上收入	高收入
食品支出	29.6	33.9	36.0	33.1	32.3
衣着支出	4.9	4.2	4.9	5.1	6.3

表4-5(续)

支出项目	低收入	中低收入	中等收入	中上收入	高收入
生活居住支出	20.8	21.4	18.9	23.9	21.6
日用品与耐用品支出	7.5	5.7	6.0	7.9	6.8
医疗保健支出	13.2	12.3	11.6	8.8	7.8
交通通信支出	10.5	9.1	8.8	9.1	13.3
教育娱乐支出	12.8	12.3	12.2	10.5	10.1
其他支出	0.7	1.1	1.6	1.6	1.8
合计	100.0	100.0	100.0	100.0	100.0

4.2.3 消费性支出的地区差异

表4-6统计了不同地区的农村家庭消费性支出情况。我国东部地区农村家庭年均消费性支出为35 242元，中位数为22 455元，中部地区为27 745元和18 920元，西部地区为28 853元和19 980元。可见，东部农村家庭消费性支出最高，中部农村家庭最低。

表4-7统计了我国不同地区农村家庭消费性支出的构成情况。数据显示，无论是东部地区、中部地区，还是西部地区，我国农村家庭消费性支出的主要构成部分都是食品支出、生活居住支出、教育娱乐支出和医疗保健支出。但这四项支出表现出明显的地区差异。西部农村家庭的医疗保健占比最高，占到消费性支出的12.6%，而东部农村家庭的生活居住支出占比最高，占到消费性支出的22.9%。值得注意的是，中部农村家庭的教育娱乐支出已经占到消费性支出的13.4%，明显高于东部和西部农村家庭。

表4-6　　　　　　　　　　农村家庭消费性支出按照地区统计　　　　　　　　单位：元

支出项目	东部农村		中部农村		西部农村	
	均值	中位数	均值	中位数	均值	中位数
食品支出	11 858	7 500	8 829	6 090	9 658	6 450
衣着支出	1 772	1 000	1 457	1 000	1 371	800
生活居住支出	8 083	1 800	5 723	1 080	5 745	1 140
日用品与耐用品支出	2 463	720	1 740	660	1 969	720
医疗保健支出	3 216	750	3 205	1 000	3 630	1 200
交通通信支出	3 593	1 560	2 584	1 200	3 043	1 500
教育娱乐支出	3 889	400	3 725	500	3 100	450
其他支出	434	0	516	0	353	0
消费性支出	35 242	22 455	27 745	18 920	28 853	19 980

整体而言，不同地区的家庭呈现出不同的消费特点。东部农村家庭把更多的消费性支出用于生活居住支出和日用品与耐用品支出，中部农村家庭把更多的消费性支出用于衣着支出和教育娱乐支出，而西部农村家庭把更多的消费性支出用于医疗保健支出。

表4-7 东、中、西部农村家庭消费性支出构成 单位:%

支出项目	东部农村	中部农村	西部农村
食品支出	33.6	31.8	33.5
衣着支出	5.0	5.3	4.8
生活居住支出	22.9	20.6	19.9
日用品与耐用品支出	7.0	6.3	6.8
医疗保健支出	9.1	11.6	12.6
交通通信支出	10.2	9.3	10.5
教育娱乐支出	11.0	13.4	10.7
其他支出	1.2	1.7	1.2
合计	100.0	100.0	100.0

4.3 转移性支出

4.3.1 转移性支出概况

转移性支出是指家庭给予家庭成员以外的人或组织的现金或非现金支出，包括春节、中秋等节假日（包括压岁钱）支出，红白喜事（包括祝寿庆生等）支出，在教育、医疗和生活费上给予他人的资助支出以及其他方面的转移性支出。

CHFS调查数据显示，我国农村有75.0%的家庭存在转移性支出，平均而言农村家庭将其总收入的7.5%用于转移性支出，高出城镇家庭2.2个百分点。

表4-8统计了我国农村家庭的转移性支出情况。我国农村家庭户均转移性支出为2 654元，比全国低1 014元。其中，节假日支出、红白喜事支出、教育/医疗/生活费支出和其他支出分别为633元、1 604元、370元和38元，各占转移性支出的23.9%、60.6%、14.0%和1.4%。可见，我国农村家庭转移性支出主要体现为红白喜事支出，比全国高出12.4个百分点。

表 4-8 农村家庭转移性支出

支出项目	全国		农村	
	均值（元）	占比（%）	均值（元）	占比（%）
节假日支出	1 166	31.9	633	23.9
红白喜事支出	1 763	48.2	1 604	60.6
教育/医疗/生活费支出	634	17.3	370	14.0
其他支出	96	2.6	38	1.5
转移性支出	3 659	100.0	2 645	100.0

按照转移性支出的对象，可以将转移性支出分为四类：父母类、岳父母类、其他亲属类和非亲属类。图 4-2 给出了我国农村家庭转移性支出按照支出对象分类统计的结果。如图 4-2 所示，在我国家庭转移性支出中，支付给其他亲属是占比最大的开支，占到转移性支出的 66.7%。在农村，支付给其他亲属的转移性支出占比更大，为 76.2%，比全国高出 10.5 个百分点。此外，农村家庭转移性支出中有 7.0% 是支付给父母的，有 4.2% 是支付给岳父母的。值得注意的是，农村家庭转移支付给非亲属的比例并不低，占到 12.7%，比全国高出 4.9 个百分点。总之，农村家庭转移支出中其他亲属类和非亲属类占比之和高达 88.9%，说明农村人比城市人更注重人情往来。

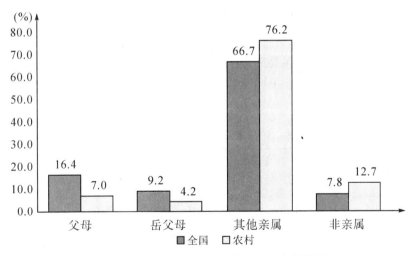

图 4-2 家庭转移性支出按支出对象分类统计

表 4-9 按照收入分类统计了我国农村家庭转移性支出的结构。我们将农村家庭调查样本按照家庭年税后收入水平（均不含本数）从低到高进行排序，依次分为五组：低收入家庭（收入最低的 20%）、中低收入家庭（收入最低的 20%~40%）、中等收入家庭（收入最低的 40%~60%）、中上收入家庭（收入最高的 20%~40%）、高收入家庭（收入最高

的20%)。

如表4-9所示,无论收入层次高低,农村家庭红白喜事支出占转移性支出的比例都是最高的,中等收入家庭尤为突出,占比高达63.9%。节假日支出占比最高的是中上收入家庭,为26.3%。此外,中上收入和高收入家庭转移性支出中教育/医疗/生活费支出占比相对更大,分别占到15.9%和16.4%。

表4-9 不同收入层次的农村家庭转移性支出结构 单位:%

支出项目	低收入	中低收入	中等收入	中上收入	高收入
节假日支出	24.7	22.7	22.8	26.3	23.7
红白喜事支出	62.5	61.9	63.9	55.8	58.1
教育/医疗/生活费支出	11.6	14.2	12.2	15.9	16.4
其他支出	1.2	1.2	1.1	2.0	1.8

4.3.2 转移性支出的地区差异

表4-10统计了我国东、中、西部地区农村家庭转移性支出情况。东部农村家庭年均转移性支出为2 818元,中位数为1 000元;中部农村家庭年均转移性支出为3 054元,中位数为1 500元;西部农村家庭年均转移性支出为2 067元,中位数为900元。由此可见,中部农村家庭的转移性支出最高,东部农村次之,西部农村最低。

从转移性支出的构成来看,不同地区的农村家庭表现出不同的特点。东部地区农村家庭转移性支出中的节假日支出和教育/医疗/生活费支出占比均高于中部和西部地区,分别占到27.3%和15.8%。相对而言,西部地区农村家庭则把更多的转移性支出用于红白喜事支出。

表4-10 东、中、西部农村家庭转移性支出

支出项目	东部农村		中部农村		西部农村	
	均值(元)	占比(%)	均值(元)	占比(%)	均值(元)	占比(%)
节假日支出	768	27.3	701	23.0	439	21.2
红白喜事支出	1 536	54.5	1 865	61.1	1 405	68.0
教育/医疗/生活费支出	444	15.8	458	15.0	210	10.2
其他支出	71	2.4	31	0.9	13	0.6
转移性支出	2 818	100.0	3 054	100.0	2 067	100.0

5 农村家庭的财富

本章从农村家庭资产、负债以及财富净值三方面描述了农村家庭的财富现状。通过数据统计分析发现，农村家庭资产均值为31.72万元，但仅有23.7%的家庭总资产达到均值水平。农村家庭负债均值为2.16万元。农村家庭财富净值为29.5万元，农村家庭财富分布不均等，农村最富裕的10%家庭拥有54%的农村家庭财富。

5.1 农村家庭资产

家庭资产由非金融资产和金融资产两部分构成。其中，家庭非金融资产包括农业或工商业生产经营资产、房屋与土地资产、车辆和耐用品资产等。家庭金融资产包括现金、活期存款、定期存款、社保账户余额、股票、债券、基金、衍生品、金融理财产品、非人民币资产、黄金和借出款等资产。

5.1.1 农村家庭资产概况

截至2013年7月，我国农村家庭户均资产为31.72万元，中位数为13.27万元。表5-1描述了农村家庭总资产的地区分布情况。东部农村家庭户均资产为43.22万元，中位数为17万元，高于全国平均水平；中部农村家庭户均资产为24.43万元，中位数为12.20万元；西部农村家庭总资产为28.35万元，中位数为11.42万元。东部农村家庭资产明显高于中部和西部，中部农村家庭资产均值最低，西部农村家庭资产中位数最低。

表5-1	农村家庭资产的地区差异	单位：万元
地区	均值	中位数
东部	43.22	17.00
中部	24.43	12.20
西部	28.35	11.42
农村	31.72	13.27

表 5-2 显示了我国农村家庭总资产的区间分布情况①。数据显示，总资产在 4.5 万元以下的家庭占农村家庭总数的 25.0%；总资产在 4.5 万元及以上、13.3 万元以下的家庭占农村家庭总数的 25.0%；总资产在 13.3 万元及以上、31.7 万元以下的家庭占农村家庭总数的 26.3%；总资产在 31.7 万元及以上、100 万元以下的家庭占农村家庭总数的 18.3%；总资产在 100 万元及以上、1 000 万元以下的家庭占农村家庭总数的 5.2%；1 000 万元及以上的家庭占农村家庭总数的 0.2%。只有不到 25% 的农村家庭总资产达到了平均水平。

表 5-2　　　　　　　　　　　农村家庭总资产区间分布

资产区间	百分比（%）
4.5 万元以下	25.0
4.5 万元及以上~13.3 万元以下	25.0
13.3 万元及以上~31.7 万元以下	26.3
31.7 万元及以上~100 万元以下	18.3
100 万元及以上~1 000 万元以下	5.2
1 000 万元及以上	0.2

5.1.2　农村家庭资产结构

5.1.2.1　金融资产与非金融资产

表 5-3 刻画了农村家庭的资产结构。农村家庭户均资产为 31.72 万元，其中，金融资产为 2.32 万元，非金融资产为 29.41 万元。金融资产和非金融资产占家庭总资产的比重分别为 7.0% 和 93.0%，说明农村家庭绝大部分资产为非金融资产，金融资产的比重低于城市家庭 3.3 个百分点。

表 5-3　　　　　　　农村家庭金融资产和非金融资产　　　　　　单位：万元

资产构成	均值	中位数
非金融资产	29.41	11.71
金融资产	2.32	0.30
总资产	31.72	13.27

图 5-1 比较了农村家庭资产结构的地区差异。东部农村家庭金融资产和非金融资产占比分别为 7.6% 和 92.4%，中部农村家庭金融资产和非金融资产占比分别为 7.2% 和

---

① 划分家庭总资产区间的界限分为 4.5 万元、13.3 万元、31.7 万元、100 万元和 1 000 万元。其中，4.5 万元为家庭总资产的 25% 分位值，13.3 万元为中位数，31.7 万元为均值。

92.8%，西部农村家庭金融资产和非金融资产占比分别为 6.2% 和 93.8%。由此可见，农村家庭金融资产比重从东部到西部依次递减。

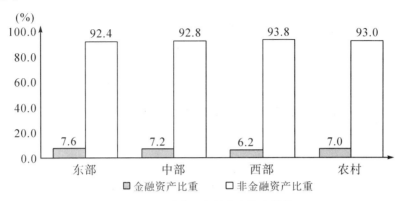

图 5-1　不同地区农村家庭资产结构

5.1.2.2　非金融资产

非金融资产包括农业资产（生产机械）、工商业生产经营资产、土地、房产、汽车和耐用品等 7 项。图 5-2 显示，农村家庭非金融资产中，农业资产占比为 6.3%，工商业生产经营资产占比为 12.0%，土地占比为 18.9%，房产占比为 57.0%，汽车占比为 3.0%，耐用品占比为 2.8%。可见，农村家庭非金融资产主要体现为房产和土地，两者占比之和高达 75.9%。

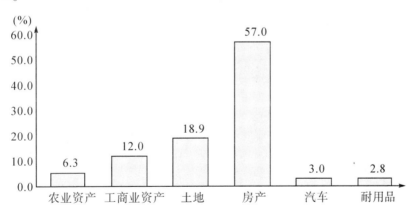

图 5-2　农村家庭非金融资产构成

5.1.2.3　金融资产

家庭金融资产包括现金、活期存款、定期存款、社保账户余额、股票、债券、基金、衍生品、金融理财产品、非人民币资产、黄金和借出款等资产。图 5-3 显示了各类金融资产的构成比例。在农村家庭金融资产中，定期存款占比为 56.8%，现金及活期存款占比为 15.8%，借出款占比为 13.9%，社保账户余额占比为 11.7%。可见，农村家庭金融资产主要体现为现金和存款。

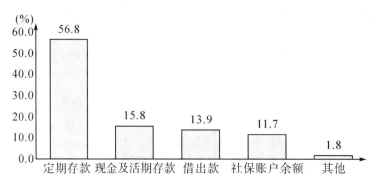

图 5-3 农村家庭金融资产构成

根据资产的风险属性，金融资产可分为无风险资产和风险资产。无风险资产包括现金、活期存款、定期存款、国库券、地方政府债券、股票账户余额和社保账户现金余额等。风险资产包括股票、基金、金融债券、企业债券、金融衍生品、金融理财产品、非人民币资产、黄金和借出款等。

表 5-4 显示，农村家庭风险金融资产比重为 15.6%，无风险金融资产比重为 84.4%。农村家庭偏好无风险资产，农村家庭无风险金融资产的比例比全国平均水平高 8.5 个百分点。

表 5-4　　　　　　　　　　　农村家庭无风险资产和风险资产比重

区域分布	风险资产比重（%）	无风险资产比重（%）
农村	15.6	84.4
全国	24.1	75.9

5.1.3　农村家庭房产和农业生产机械价值

5.1.3.1　房产

图 5-5 比较了不同地区的农村家庭住房拥有率。农村家庭住房拥有率为 92.9%，东、中、西部农村家庭的住房拥有率差异不大，分别为 92.1%、94.0% 和 92.6%。

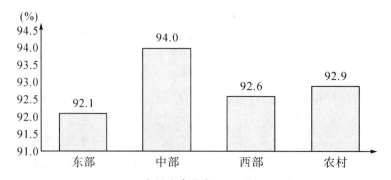

图 5-4 农村家庭房产拥有率地区差异

表 5-5 显示，我国农村家庭房产均值为 18.35 万元[①]，中位数为 8.00 万元。从区域来看，东部地区农村家庭房产均值为 26.98 万元，中位数为 10.00 万元；中部地区农村家庭房产均值为 13.68 万元，中位数为 6.50 万元；西部地区农村家庭房产均值为 15.13 万元，中位数为 6.00 万元。东部农村家庭的房产价值远远高于中部农村和西部农村。

表 5-5	农村家庭房产价值	单位：万元
地区	均值	中位数
东部	26.98	10.00
中部	13.68	6.50
西部	15.13	6.00
农村	18.35	8.00

图 5-5 比较了不同地区农村有房家庭的房产占比差异。我国农村有房家庭房产占总资产的比重为 53.8%。从区域来看，东部地区农村有房家庭的房产占比最高，为 60.5%；其次是中部地区，为 52.6%；西部地区农村有房家庭的房产占比最低，为 49.0%。

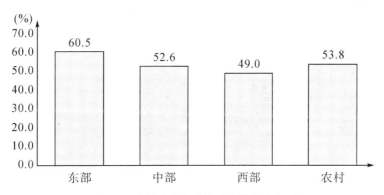

图 5-5 农村有房家庭资产中的房产比重

5.1.3.2 农业生产机械

农业生产机械属于农业生产性固定资产。从图 5-6 可看出，在从事农业生产的农村家庭中，使用农业生产机械的家庭仅有 39.9%。从农业生产机械化的地区差异来看，中部地区从事农业生产的农村家庭拥有农业生产机械的比重最高，达到 44.5%；其次是西部地区，为 39.6%；最低的是东部地区，仅为 34.1%。

---

① CHFS 调查问卷中有询问受访户房屋目前的市价，农村受访户主要根据住房周围的房屋买卖价格或者建房成本对其房屋进行估价。

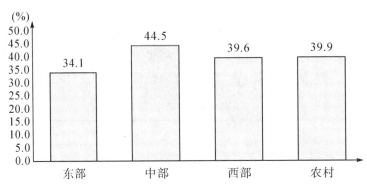

图5-6 农村拥有农业生产机械家庭的农业生产机械占比

从农业生产机械的价值上看，家庭拥有农业生产机械的价值跨度较大。约有17%从事农业生产活动的农村家庭拥有价值超过1万元的机械设备。约有37%的家庭机械价值不到1 000元。从农业生产机械价值的中位数上看，对于拥有农用机械的农村家庭，农业生产机械价值的中位数为2 000元。东部地区和西部地区农业生产机械价值中位数分别为1 600元和1 500元，中部地区农业生产机械价值的中位数较高，为2 500元。从农业生产价值的平均值来看，对于拥有农用机械的农村家庭，农用机械的均值为7 340元。东部地区农村家庭农业机械均值为7 807元，中部地区农村家庭农用机械均值为8 740元，西部地区农村家庭农用机械均值为5 314元（见表5-6）。

表5-6	农村家庭农业生产机械价值的地区差异	单位：元
区域分布	均值	中位数
东部	7 807	1 600
中部	8 740	2 500
西部	5 314	1 500
农村	7 340	2 000

5.2 农村家庭负债

家庭负债包括农业及工商业借款、房屋借款、汽车借款、金融投资借款、信用卡借款、教育借款和其他借款等。

5.2.1 农村家庭负债概况

表5-7描述了农村家庭负债的地区差异。我国农村家庭户均负债2.16万元。东部农

村家庭户均负债为 2.21 万元，中位数为 0 元；中部农村家庭户均负债为 2.02 万元，中位数为 0 元；西部农村家庭户均负债为 2.24 万元，中位数为 0 元。西部农村家庭负债高于东部和中部，中部农村家庭负债相对最低。

表 5-7	农村家庭负债的地区差异	单位：万元
地区	均值	中位数
东部	2.21	0
中部	2.02	0
西部	2.24	0
农村	2.16	0

从表 5-8 可知，农村家庭中没有负债的家庭占 62.3%，即有负债的农村家庭比例为 37.7%，高出城镇家庭 6.9 个百分点。农村家庭中负债在 1 万元以下的家庭占 11.6%；负债在 1 万元及以上、5 万元以下的家庭占 15.5%；负债介于 5 万~10 万元之间的家庭占 5.8%；负债在 10 万~100 万元之间的家庭占 4.7%；负债在 100 万元及以上的家庭占 0.1%。

表 5-8	农村家庭负债区间分布
负债区间	农村（%）
没有负债	62.3
1 万元以下	11.6
1 万元及以上~5 万元以下	15.5
5 万元及以上~10 万元以下	5.8
10 万元及以上~100 万元以下	4.7
100 万元及以上	0.1
合计	100

5.2.2 农村家庭负债结构

图 5-7 反映了农村家庭负债中最主要的 5 个组成部分，包括住房负债、农业及工商业负债、教育负债、其他负债和汽车负债。住房负债占比为 40.0%，农业及工商业负债占比为 33.6%，教育负债占比为 6.0%，其他负债占比为 15.0%，汽车负债为 5.4%。由此可见，农村家庭负债中超过一半为住房负债。

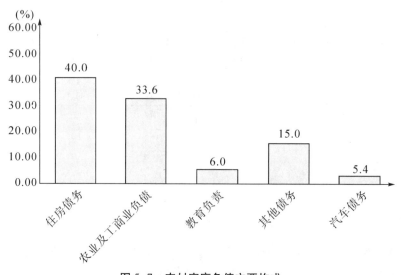

图 5-7　农村家庭负债主要构成

　　图 5-8 刻画了农村家庭其他负债的情况。从图 5-8 中可以看出，看病、其他、娶媳妇和小额日常消费是农村其他负债形成的主要原因。有 4.5% 的农村家庭由于看病负债，而仅有 1.5% 的城镇家庭因病负债。而农村家庭的负债比率分别为 37.7%，相当于农村有负债家庭中有 11.9% 的家庭是因为借钱看病而负债的，这说明农村医疗保障水平还应进一步提高。农村家庭中因为娶媳妇而负债的家庭比例为 1.7%，为借钱给亲戚朋友而举债的家庭比例为 0.1%，但很少有家庭为通过民间金融组织把钱借出去而向人借钱。

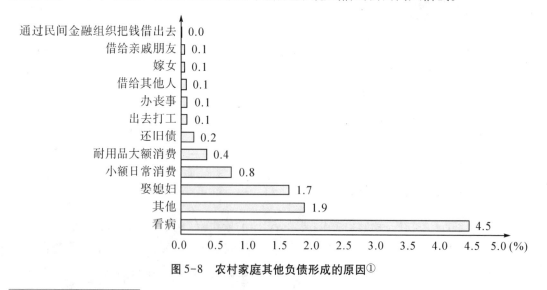

图 5-8　农村家庭其他负债形成的原因①

――――――――――

　　① 借给亲戚朋友、借给其他人、通过民间金融组织把钱借出去，指的是家庭为达到以上目的而举债，相当于家庭作为借贷中介而负债。

5.3 农村家庭财富净值

家庭财富净值指家庭资产扣除负债的部分，即家庭总资产与总负债的差值。

表5-9描述了不同地区农村家庭财富净值的差异。由表5-9可见，我国农村家庭财富净值为29.57万元。其中，东部农村家庭财富净值均值为41.01万元，中位数为15.86万元；中部农村家庭财富净值为22.41万元，中位数为10.76万元；西部农村家庭财富净值均值为26.12万元，中位数为10.46万元。可见，东部农村家庭的财富净值高于中部和西部。

表5-9   农村家庭财富净值区域分布   单位：万元

地区	均值	中位数
东部	41.01	15.86
中部	22.41	10.76
西部	26.12	10.46
农村	29.57	11.83

家庭财富净值可以分为金融资产净值、房产净值、土地、汽车净值、生产性固定资产净值、耐用品和其他负债7个部分。图5-9反映了农村家庭财富净值的构成，其中房产净值占财富净值的54%，是农村家庭财富净值的主要构成部分。

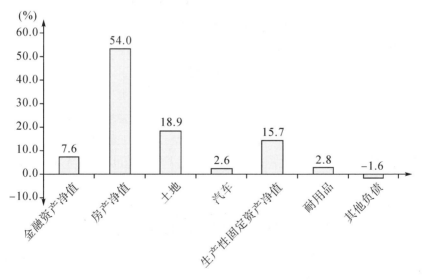

图5-9 农村家庭财富净值结构

从表 5-10 可知，农村家庭中财富净值为负的家庭比重为 4.0%，财富净值在 0~3.64 万元之间的家庭占 21.0%，财富净值在 3.64 万~11.83 万元之间的家庭占 25.0%，财富净值在 11.83 万~59.32 万元之间的家庭占 40.0%，财富净值在 59.32 万~100 万元之间的家庭占 5.0%，财富净值在 100 万~1 000 万元之间的家庭占 4.8%，财富净值在 1 000 万元以上的家庭占 0.2%。

表 5-10　　　　　　　　　　农村家庭财富净值分布[1]

区间	农村（%）
小于 0 元	4.0
0 元及以上~3.64 万元以下	21.0
3.64 万元及以上~11.83 万元以下	25.0
11.83 万元及以上~59.32 万元以下	40.0
59.32 万元及以上~100 万元以下	5.0
100 万元及以上~1 000 万元以下	4.8
1 000 万元及以上	0.2
总计	100

5.4　农村家庭财富差距

贫富差距已成为目前中国社会关注的焦点。贫富差距包含两方面的含义，一是收入差距，二是家庭财富差距。本部分将对我国农村家庭财富分布进行深入分析。在分析中，家庭财富指的是财富净值，即总资产扣除负债后剩余的部分。

本节首先采用 4 等分组法描述家庭财富分布的不平等程度，即按照家庭财富净值从小到大排序，并等分为 4 组。图 5-10 反映了农村家庭和城镇家庭财富净值均值的差异。从图 5-10 可以看出，城镇家庭和农村家庭财富净值差异较大。财富净值最低的 25% 的农村家庭财富净值均值为 0.48 万元，财富最低城镇家庭财富净值均值为 3.45 万元，财富最低农村家庭（小于 25% 分位数）财富净值均值仅为财富最低城镇家庭财富净值均值的 13.9%。至于财富净值均值最高的家庭（大于 75% 分位数），财富最高农村家庭户均财富净值为 91.53 万元，财富最高城镇家庭相应为 317.05 万元，财富最高农村家庭户均财富

---

[1]　3.64 万元为农村家庭财富净值的 25% 分位数；11.83 万元为农村家庭财富净值的 50% 分位数；59.32 万元为农村家庭财富净值的均值。

净值仅为财富最高城镇家庭的 28.7%。在农村家庭之间，财富分布不均现象依然严重。农村家庭中财富净值最高的家庭是净值最低家庭的 191.3 倍，而城镇家庭财富净值最高的家庭是净值最低家庭的 91.9 倍。

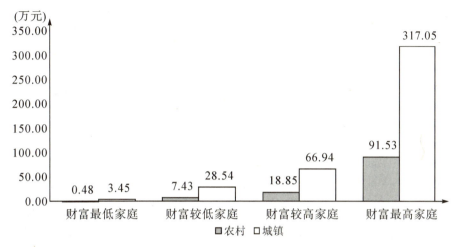

图 5-10　城乡家庭财富净值均值差异

表 5-11 用 10 等分组法刻画了我国农村家庭的财富分布情况，表 5-11 中数字代表每组家庭所拥有的财富份额，从而反映家庭财富分布不均的状况。由表 5-11 可见，农村最富裕的 10% 家庭拥有 54% 的农村财富，最贫困的 10% 家庭财富总额小于零，即出现了资不抵债。此外，农村最富裕的 20% 的家庭掌握了近 70% 的农村财富。

表 5-11　　　　　　　　　　　　　农村家庭净财富的分布

10 等分组（从低到高）	财富净值份额（%）
1	—
2	0.6
3	1.3
4	2.2
5	3.4
6	4.9
7	6.9
8	9.8
9	15.4
10	54

6 农村金融市场发展现状

农村金融市场对农村经济发展意义重大，对于农村金融市场的重要参与者——农村家庭而言，农村金融市场的发达程度不仅关系到农村家庭财富能否实现保值增值，而且关系到农村家庭能否顺利获得信贷资金以改变初始禀赋，扩展收入途径，进而提高收入。本章基于 CHFS（2013）调查数据，对我国农村金融市场现状进行介绍，主要涉及农村风险市场、农村信贷市场、农村金融与家庭消费几大方面。根据分析结果，我们发现当前农村金融市场发展非常落后，农村家庭在股票、基金等风险市场的参与率非常低，远远落后于全国总体水平；农村家庭在正规信贷市场上的参与程度也比较低，但是与全国总体水平相差不大；但农村家庭在民间借贷市场上参与活跃，体现了民间借贷对正规借贷不足的良好补充；在消费方面，随着现代金融日益渗入消费领域，非现金支付、信用卡、网购等现代化消费方式开始影响农村家庭消费行为，但是农村消费方式的现代化程度还是远远滞后于全国总体水平。

6.1 风险市场

6.1.1 家庭参与风险市场的概况

CHFS 调查了家庭各类风险资产持有情况，主要包括股票、基金、债券、金融理财产品、金融衍生品、非人民币资产、黄金等。如果家庭持有上述任意一种及以上的风险资产，则认为家庭参与了风险市场。

近几年来，国内外经济持续下行，各类风险市场严重受挫，家庭风险市场参与积极性随之削弱。由图 6-1 可以看出，2013 年家庭风险市场参与比例比 2011 年均有所下降。分城乡看，农村家庭风险市场参与比例远低于全国和城市。以 2013 年为例，农村家庭参与率仅为 1.6%，全国总体水平为 10.4%，城市达到了 16.9%，农村家庭比例大约只占城市的 1/10。由此可知，我国家庭风险市场参与率总体较低，农村家庭更是只有极少数参与了风险市场。因而，亟须进一步完善我国金融市场，增强市场活力。

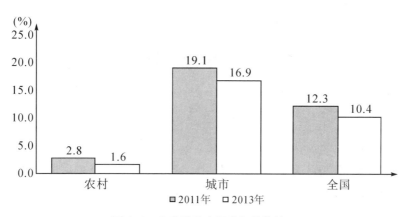

图 6-1 家庭风险市场参与总体情况

6.1.2 家庭参与各类风险市场比较

由表 6-1 可知，分年份来看，农村家庭股票、基金参与率由 2011 的 1.2%、0.7%分别下降至 2013 年的 0.4%、0.4%。这可能是由于农村家庭自身财力有限，抗风险能力普遍较低，在近两年股票市场和基金市场波动剧烈的市场背景下，农村家庭自然倾向于撤出风险市场。从全国来看，各类市场参与情况有所不同，家庭在股票、基金和非人民币资产三大市场上的参与比例下降，而在其余几类市场上的参与率都有所上升，金融理财产品市场参与比例由 1%上升到 1.8%，可见近年来国内各大银行大力发展金融理财产品，产生了影响。黄金市场参与比例由 0.6%大幅上升到 0.9%，这与近两年黄金热的现象相符。

表 6-1　　　　　　　　　家庭参与各类风险市场情况　　　　　　　　单位:%

	2011 年			2013 年		
	农村	城市	全国	农村	城市	全国
股票市场	1.2	13.8	8.6	0.4	11.0	6.5
基金市场	0.7	6.6	4.2	0.4	5.2	3.1
债券市场	0.4	0.8	0.6	0.2	1.1	0.7
金融理财产品市场	0.2	1.7	1.0	0.1	3.0	1.8
非人民币资产市场	0.5	2.2	1.5	0.2	1.5	0.9
黄金市场	0.4	0.7	0.6	0.4	1.3	0.9

分城乡看，农村家庭在各类风险市场上的参与比例均远远低于全国。2013 年数据显示，农村家庭在各风险市场上的参与率均未超过 0.5%，而全国及城市都要高得多。以股票市场为例，农村家庭参与比例为 0.4%，全国和城市家庭股票市场参与率依次比农村高出了近 6 个百分点、10 个百分点，这说明了农村风险市场发展严重滞后。

6.2 信贷市场

6.2.1 贷款市场

6.2.1.1 家庭参与贷款市场总体情况

分年份看，相较于 2011 年，2013 年农村、城市、全国有贷款家庭占比均有所提升，从 13.9%、14.9%、14.5%依次小幅上升至 14.1%、15.9%、15.1%，城乡有贷款家庭比例差异不大。总体而言，我国农村家庭相对于全国及城市的落后程度不大。

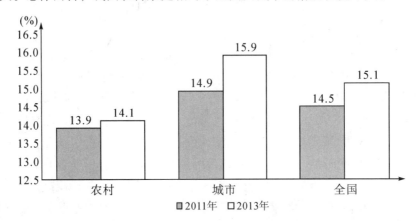

图 6-2　2011 年、2013 年有贷款家庭占比

6.2.1.2 家庭各类贷款获得情况

按照贷款用途，可将贷款分为生产经营性贷款、房屋贷款、汽车贷款、教育贷款、其他贷款五大类。如表 6-2 所示，分年份看，两年城乡拥有各类贷款家庭占比均有所变化，农村家庭生产经营性贷款和教育贷款家庭占比上升，这意味着越来越多的农村家庭通过正规信贷途径获取资金来从事生产经营性活动以提高收入，同时越来越多的农村家庭可以通过贷款来缓解教育负担；房屋贷款和其他贷款家庭占比略有下降，汽车贷款家庭占比基本不变。从全国总体来看，除了生产经营性贷款和教育贷款上升外，汽车贷款家庭占比也上升，而房屋贷款和其他贷款家庭均微弱下降。

表 6-2　　　　　　　　　　　　家庭贷款市场参与情况　　　　　　　　　　单位:%

	2011 年			2013 年		
	农村	城市	全国	农村	城市	全国
生产经营性贷款	5.7	2.1	3.6	6.2	2.4	4.0

表6-2(续)

	2011 年			2013 年		
	农村	城市	全国	农村	城市	全国
房屋贷款	5.5	11.3	8.9	4.9	11.7	8.8
汽车贷款	1.0	1.3	1.2	1.0	1.8	1.4
教育贷款	1.9	0.7	1.2	2.9	1.1	1.8
其他贷款	1.8	0.6	1.1	1.4	0.7	1.0

如图 6-3 所示，分城乡看，农村生产经营性贷款、教育贷款及其他贷款家庭占比依次显著高于城市和全国；农村房屋贷款家庭占比远低于全国和城市，这在一定程度上印证了近年来日益飙升的城市房价使得越来越多的城市家庭承担房贷压力；农村家庭中汽车贷款比例也显著低于全国和城市，说明汽车消费信贷在农村地区发展缓慢。

从 2013 年家庭各类型贷款占比看，农村家庭贷款主要用于从事生产经营性活动，有这类贷款家庭比例为 6.2%；其次是房屋贷款，比例为 4.9%；最后是教育贷款，为 2.9%。就全国而言，家庭贷款主要用于买房，家庭有房屋贷款比例为 8.8%；其次用于从事生产性经营活动，比例为 4%。

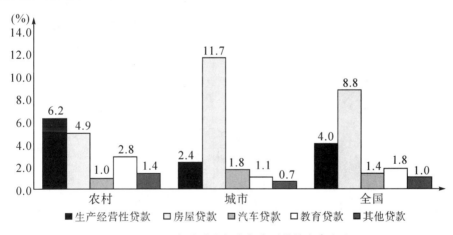

图 6-3　2013 年分城乡拥有各类型贷款家庭占比

6.2.1.3　家庭贷款抵押情况

按照担保情况，可将贷款大致分为信用贷款、保证贷款、抵押贷款、质押贷款四类。下面主要对 2013 年家庭生产经营性贷款担保情况进行分析。按照所涉及的行业，将生产经营性贷款分为农业贷款和工商业贷款两大类。

农业贷款中，信用贷款家庭占比最高，接近 60%；其次是保证贷款和抵押贷款，占比都在 20% 左右；质押贷款占比最低，为 1.1%。工商业贷款情况有所不同，信用贷款家庭占比同样最高，但低于农业同类贷款家庭占比，为47.2%；其次是抵押贷款，占比达到了37%；再次是保证贷款，占比为14%；最后是质押贷款，占比为1.8%。见图6-4。

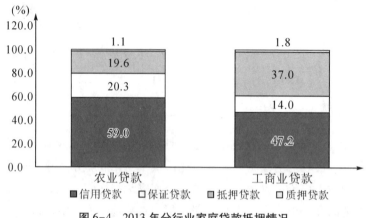

图 6-4　2013 年分行业家庭贷款抵押情况

6.2.2　民间借贷市场

图 6-5 显示了有民间借入款的家庭比例。数据显示，相较于 2011 年，2013 年农村有借款家庭比例略有下降，城市及全国却略有上升。农村有借款家庭比例显著高于全国水平。以 2013 年为例，高达 43.8%，即接近一半的农村家庭通过民间借贷满足资金缺口。

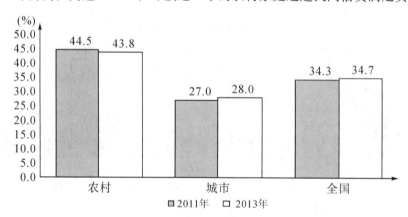

图 6-5　2013 年家庭参与借款市场总体情况

图 6-6 对比了家庭拥有民间借款和正规贷款的情况。不管是分城乡看，还是就全国总体而言，家庭拥有民间借款的比例明显高于正规贷款，农村家庭尤为突出，有 43.8% 的农村家庭拥有民间借款，但只有 14.1% 的农村家庭拥有正规贷款。这说明，我国农村家庭主要通过民间渠道弥补家庭各项支出缺口。

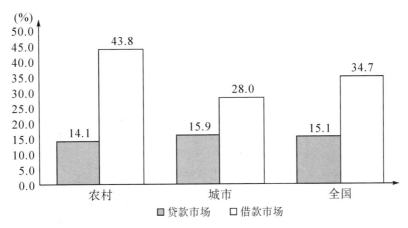

图 6-6　2013 年家庭贷款市场与借款市场参与对比

6.3　金融与家庭消费

6.3.1　家庭消费支付方式

6.3.1.1　家庭不同支付方式的比较

随着现代科技日益融入金融领域，消费者日常购物支付方式也发生了巨大的变化。除了以现金和借记卡（储蓄卡）为代表的传统购物支付方式外，以准贷记卡、贷记卡（信用卡）、购物（券）卡为代表的新兴支付方式迅速发展起来。由图 6-7 可知，分年份看，我国家庭日常购物中对于各类支付方式的选择基本没有变化，家庭支付习惯的稳定性较强。比较不同支付方式家庭占比，现金仍然是家庭购物支付方式的首选。2013 年数据显示 97.3%的家庭购物时一般使用现金支付；10.1%的家庭选择了刷卡消费（借记卡），而消费时采用信用卡支付的家庭占比仅为 8.8%。由此可见，农村中现代支付方式的普及程度较低，发展空间较大。

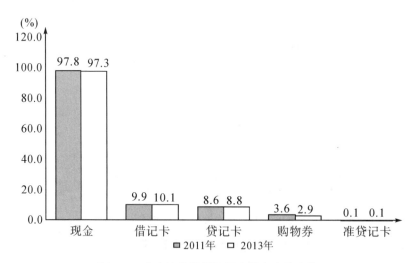

图6-7　家庭消费使用不同支付方式的比较

6.3.1.2　家庭消费非现金支付的使用

将消费支付方式分为现金和非现金两大类，图6-8给出了家庭消费使用非现金支付的情况。分年份来看，家庭使用非现金支付的比例基本保持不变。分城乡来看，非现金支付方式在农村的普及程度远远低于城市，同时远未达到全国平均水平。以2013年数据为例，农村家庭消费时使用非现金支付方式占比仅为2.9%，全国为16.1%。

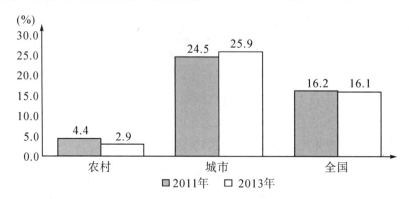

图6-8　家庭消费使用非现金比例

6.3.2　家庭使用信用卡情况

信用卡作为电子化和现代化的金融消费工具，在欧美国家已经发展得非常成熟，但是我国信用卡市场尚处于发展初期。比较两年调查结果可知，不管是分城乡看，还是从全国总体看，家庭信用卡使用比例基本不变。比较城乡差异可发现，农村持有信用卡家庭占比明显低于全国和城市，在2013年数据中，只有2.1%的农村家庭持有信用卡，全国平均也只有5.1%。总体来看，信用卡在我国家庭中的普及程度较低，负债消费的观点尚未被大多数中国家庭接受，我国信用卡市场潜力有待进一步挖掘。见图6-9。

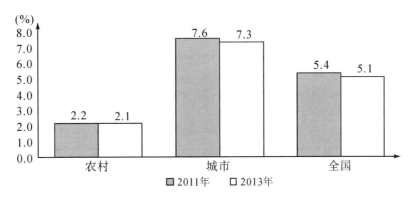

图6-9 家庭消费使用信用卡比例

进一步分析有信用卡家庭信用卡持有数量，由图6-10可以看出，农村有信用卡家庭持有信用卡数量为1.30张，略低于全国与城市水平的1.37张和1.39张。

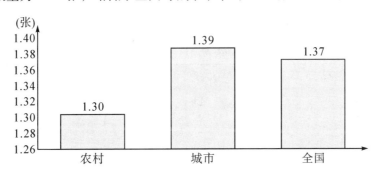

图6-10 2013年家庭持有信用卡数量

6.3.3 家庭网购情况

6.3.3.1 家庭网购参与情况

由图6-11可知，分城乡看，农村网购家庭比例为7.1%，全国为24.0%，城市家庭高达36.5%。由此可知，相较于网购这一新兴购物方式在城市的盛行，农村家庭的网购发展较为落后，这与农村家庭文化程度普遍较低、互联网在农村地区的覆盖度低等有着直接的关系。

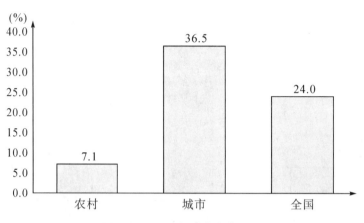

图 6-11　2013 年网购家庭比例

6.3.3.2　网购支付方式选择

表 6-3 给出了家庭网购时支付方式的选择情况。农村家庭网购时，选网上银行支付的比例为 41.8%；其次是支付宝，占比为 32.2%；最后是货到付款，占比为 13.9%。就城市或全国而言，家庭采用支付宝进行支付的比例最高，其次才是网上银行和货到付款。

表 6-3　　　　　　　　　　2013 年家庭网购支付方式的选择　　　　　　　　　　单位:%

	网上银行	支付宝	货到付款	找人代付	信用卡	财富通
农村	41.8	32.2	13.9	10.7	1.1	0.3
城市	33.3	45.2	9.5	5.7	5.9	0.4
全国	34.3	43.7	10.0	6.2	5.5	0.3

6.3.3.3　网上银行分布

根据表 6-4 数据，不管分城乡还是从全国来看，家庭网购支付时选择最多的都是中国工商银行、中国农业银行和中国建设银行，三大国有银行在我国网银市场中占据着明显的优势地位。就农村家庭而言，网购支付选择中国工商银行的占比最高，达到 29.1%；中国农业银行次之，达到了 28.3%，显示了其作为支农惠农的大型国有银行的重要作用；排列第三的是中国建设银行，占比为 23.5%。选择前三家银行的家庭累计占比超出 80%，说明农村网银市场集中度很高。另外选择中国邮政储蓄银行和农村信用合作社的农村家庭占比分别为 8.4%、3.9%，这两家银行也部分地发挥了农村金融机构主力军的作用。就全国总体而言，中国工商银行、中国建设银行和中国农业银行分别以 26.9%、24.1%、14.7%的市场份额依次排列前三名，累计占比也超过了 60%；随后是招商银行和中国银行，市场份额分别为 8.9%、7.0%，说明在诸多全国股份制商业银行中，招商银行的网银业务发展得较好。总体而言，我国网上银行市场竞争还很不充分，特别是农村地区，市场集中度过高，要形成竞争合理适度、健康有活力的金融市场，还需要大力发展农村金融。

表 6-4　　　　　　　　　2013 年我国家庭网购网上银行选择分布　　　　　　　单位:%

银行名称	农村	城市	全国
中国工商银行	29.1	26.7	26.9
中国农业银行	28.3	13.0	14.7
中国建设银行	23.5	24.2	24.1
中国邮政储蓄银行	8.4	4.5	5.0
农村信用合作社	3.9	0.9	1.2
中国银行	2.9	7.5	7.0
招商银行	1.2	9.9	8.9
交通银行	0.5	4.0	3.6
其他银行	2.2	9.3	8.6

6.4　金融服务设施与家庭开户行选择

6.4.1　金融服务设施

CHFS（2013）调查了村（小区）范围内的银行网点数量，用来衡量村（小区）金融服务设施发展水平。从图 6-12 可以看出，农村地区平均每个村的银行网点数为 0.7 个，城市地区为 2.63 个。因而，城乡金融服务设施发展水平差异明显。

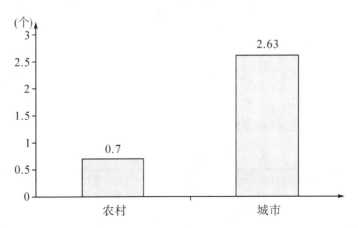

图 6-12　城市、农村家庭周围银行网点数比较

表6-5给出了村（小区）附近银行网点数的分布情况。从表6-5中可以看出，农村地区有61.8%的村附近没有银行网点，远高于城市没有银行网点社区的24.1%。从有银行网点村(社区)的网点数量上来看，农村地区村附近有两家银行及以上的比例，也远远低于城市地区。

表6-5			村（小区）附近银行网点数分布			
	0个	1个	2个	3个	4个	5个及以上
农村（%）	61.8	20.4	10.7	4.7	1.3	1.2
城市（%）	24.1	16.9	17.1	17.5	7.2	12.1

图6-13给出了东、中、西部农村地区村附近银行数的平均数量。从图6-13中可以看出，东部地区村附近的银行数量为0.77家，高于中西部地区。由此来看，东部地区农村金融服务设施数量高于中西部地区。

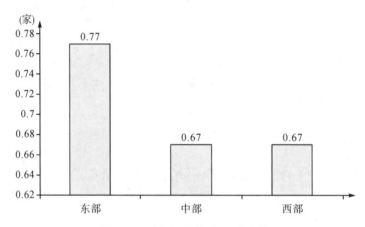

图6-13　村附近银行数区域差异

6.4.2　家庭选择开户行原因

表6-6给出的是家庭基本开户行的分布。从表6-6中可以看出，在农村地区，家庭基本开户行前三位分别是信用合作社、中国农业银行和邮政储蓄银行；在城市地区，分别是中国工商银行、中国农业银行和中国建设银行。

表6-6	城市、农村地区家庭基本开户行分布		单位:%
城市地区家庭基本开户行分布		农村地区家庭基本开户行分布	
中国工商银行	23.4	信用合作社	44.2
中国农业银行	18.1	中国农业银行	22.1

表6-6(续)

城市地区家庭基本开户行分布		农村地区家庭基本开户行分布	
中国建设银行	15.8	中国邮政储蓄银行	18.2
中国邮政储蓄银行	10.9	中国工商银行	4.8
信用合作社	9.2	中国建设银行	3.4
中国银行	6.5	中国银行	1.3
其他银行	16.1	其他银行	6.0

表6-7对家庭选择开户行的原因进行了分析。从表6-7中可以看出，家庭选择开户行的最重要因素是位置便利，其次是工资、养老金发放服务；再次是时间方便和服务好。

表 6-7 　　　　　　　　家庭选择基本开户行原因 　　　　　　　　　单位:%

	位置便利	工资卡/养老卡	时间方便	服务好	工作学习需要	取款机数量多
全国	47.4	36.8	11.2	7.2	5.1	4.9
城市	42.5	44.7	8.4	7.0	5.8	5.4
农村	58.3	19.2	17.4	7.5	3.5	3.6

注：选项为多选，表中只列出了主要原因。

表6-8给出了农村家庭选择各银行作为基本开户行的原因分布。从表6-8中可以看出，因位置便利选择信用合作社、中国农业银行和邮政储蓄银行的比例要明显高于其他银行，因而可以看出，位置便利是家庭选择银行的最主要原因。

表 6-8 　　　　　　农村家庭选择各银行作为基本开户行原因 　　　　　　单位:%

	位置便利	工资卡/养老卡	时间方便	服务好	工作学习需要	取款机数量多
信用合作社	59.5	17.8	18.5	6.5	2.3	1.5
中国农业银行	57.4	14.4	14.8	8.6	2.7	5.5
邮政储蓄银行	59.4	16.1	16.6	6.6	3.0	2.9
中国工商银行	38.6	28.7	11.2	7.9	8.2	12.9
中国建设银行	46.1	27.0	9.9	11.0	7.3	6.2
中国银行	33.2	29.6	15.0	7.3	5.6	4.9

注：选项为多选，表中只列出了主要原因。

7 农村家庭的正规信贷需求与可得性

　　总体来看，我国家庭正规信贷需求为 18.4%，正规信贷可得性水平为 40.5%。农村家庭正规信贷需求为 19.6%，正规信贷可得性水平为 27.6%。从信贷用途来看，农村家庭农业生产用途正规信贷需求为 24.4%，信贷可得性水平为 31.3%，这一比例远远低于工商业正规信贷 44.8%的可得性水平。根据政府建立城乡统一建设用地市场的政策，如果拥有农村土地的家庭可以将自有农用土地或宅基地抵押给银行，增加还款保障，贷款申请获得通过的概率将提高近20%。然而，由于银行拒贷理由为无抵押品的比例较小，农村土地抵押对家庭信贷可得性水平的总体影响很小。大体来讲，正规信贷可得性水平和正规信贷获得额随家庭收入降低而相应减少。然而，普惠金融的开展使低收入阶层的正规信贷可得性水平并没有进一步下降，甚至呈现出翘尾的趋势。

7.1　正规信贷需求

7.1.1　正规信贷需求界定

　　农村家庭的正规信贷需求是指农村家庭因生产经营、购置住房或汽车、日常消费等经济活动对正规金融机构产生的贷款需求，包括实际的和潜在的正规信贷需求。实际正规信贷需求是指家庭向正规金融机构申请的需求；潜在贷款需求是指存在需求但没有向金融机构提出申请的资金需求。在本报告中，根据中国家庭金融调查的相关问题设置，将有正规信贷需求的家庭分为以下两类：第一类，获得了银行贷款的家庭；第二类，由于"需要贷款但是没有向银行申请"、"申请了贷款但被拒绝"[1] 这两个原因而没有银行贷款的家庭。

　　正规信贷需求的产生主要源于农业生产、工商业经营、购置住房或汽车、日常消费等方面。因此，在本节内容中，我们首先分析家庭信贷总需求的现状，比较全国与农村地区

---

[1]　如果因为"需要贷款但是没有向银行申请"或者"申请了银行贷款但被拒绝了"而未获得银行贷款，我们将这类现象称作"信贷约束"，即存在信贷需求，但由于自身或者其他原因而无法获得贷款。还有一种信贷约束是指实际获得的贷款金额小于申请的或需求的贷款金额。参见 Ke Chen Chen 和 Mali Chivakul（2008），Jappeli（1990），Crook（2001），Benito 和 Mumtaz（2006）等的相关论文。

信贷总需求的差别；其次，从不同信贷用途进行深入探讨与比较；最后，全面总结各种因素对家庭信贷需求的影响。

7.1.2　正规信贷需求分析

7.1.2.1　正规信贷总需求分析

根据 2013 年中国家庭金融调查数据计算，在全国范围内，有正规信贷需求的家庭占比为 18.4%。其中，在农村地区，有正规信贷需求的农村家庭占比为 19.6%。参见表 7-1。这里的正规信贷需求包含了各类贷款用途，例如农业生产、工商业经营、购置住房或汽车、日常消费等。我们发现，相对于全国水平，农村家庭的正规信贷需求水平毫不逊色，由于农村地区经济发展程度落后于城市，收入相对较低，因此，农村家庭在生产经营、投资消费等领域表现出了强烈的贷款意愿。

表 7-1　　　　　　　　　　正规信贷总需求　　　　　　　　　　单位:%

	全国	农村地区
正规信贷总需求	18.4	19.6

7.1.2.2　农业生产信贷需求分析

在从事农业生产的家庭中，农村地区有 24.4% 的家庭有农业生产信贷需求。参见表 7-2。这表明农村家庭对农业生产贷款的需求十分旺盛。

表 7-2　　　　　　　　　　农业生产信贷需求　　　　　　　　　　单位:%

	农村地区
农业生产信贷需求	24.4

7.1.2.3　工商业经营信贷需求分析

在从事工商业经营的家庭中，全国有 22.0% 的家庭有工商业经营信贷需求，农村地区则为 30.4%。参见表 7-3。农村地区的工商业经营信贷需求明显高于全国水平，而农村家庭进行的工商业经营活动一般为个体户或小微企业创业，这些活动对贷款资金的需求量不大，但需求比例较高。数据表明，农村家庭的工商业创业贷款意愿强烈。

表 7-3　　　　　　　　　　工商业经营信贷需求　　　　　　　　　　单位:%

	全国	农村地区
工商业经营信贷需求	22.0	30.4

7.1.2.4　住房信贷需求分析

在购置或修建了住房的家庭中，全国有 20.7% 的家庭有住房信贷需求，农村地区则为

23.7%。参见表7-4。农村地区的住房信贷需求高于全国水平。尽管农村地区购置商品房的比例较低，多数住房的取得方式为自己修建，但是农村家庭对住房贷款的需求仍然十分旺盛。

表7-4	住房信贷需求	单位:%
	全国	农村地区
住房信贷需求	20.7	23.7

7.1.2.5　汽车信贷需求分析

在购买了汽车的家庭中，全国有13.6%的家庭有汽车信贷需求，农村地区则为21.4%。参见表7-5。农村地区的汽车信贷需求明显高于全国水平。尽管农村家庭购买汽车的比例较城市家庭低，但是当决定购车后，更高比例的农村家庭有汽车信贷需求。

表7-5	汽车信贷需求	单位:%
	全国	农村地区
汽车信贷需求	13.6	21.4

7.1.2.6　信用卡需求分析

根据2013年中国家庭金融调查数据计算，全国有15.9%的家庭有信用卡需求，农村地区则为11.8%。参见表7-6。农村地区的信用卡需求明显低于全国水平，农村家庭由于对信用卡的不了解以及对现金支付方式的偏好，对信用卡的信贷需求较小。

表7-6	信用卡需求	单位:%
	全国	农村地区
信用卡需求	15.9	11.8

7.1.3　正规信贷需求的因素分析

7.1.3.1　农业生产信贷需求的因素分析

调查结果显示，以农村地区为例，农业生产信贷需求与家庭收入、人口特征等多个因素相关。

首先，我们对农业生产信贷需求与收入因素的关系进行分析。我们将家庭收入从低到高分为六组，详细分组标准参见表7-7。数据表明，低收入家庭对农业生产信贷资金的需求最强烈。我们对东、中、西部的区域分析也得出了类似结果，农业生产信贷需求由东至西随经济发展程度的降低而依次递增，同样说明经济越不发达的地区，农业生产信贷需求越旺盛。具体结果参见表7-8。同样，农业补贴增加了农业家庭收入，显著降低了农业生产信贷需求。相关结果参见表 7-9。由此可见，在从事农业生产的家庭中，收入是影响农业生产信贷需求的一个重要因素。由于从事农业生产的家庭大多居住于农村地区，而越是贫困落后的农村地区对农业生产的依赖也越严重，因此，低收入农村家庭的农业生产信贷需求十分强烈，向低收入人群倾斜信贷政策是必要的。该调查结果为普惠金融政策实施的必要性提供了现实依据。

表 7-7　　　　　　　　　　　家庭收入与农业生产信贷需求　　　　　　　　单位：元

农村地区	信贷需求比例（%）
家庭年收入 1 万（不含）以下	26.9
家庭年收入 1 万~4 万（不含）	25.0
家庭年收入 4 万~8 万（不含）	20.6
家庭年收入 8 万~15 万（不含）	22.1
家庭年收入 15 万~100 万（不含）	21.9
家庭年收入 100 万以上	9.8

表 7-8　　　　　　　　　　　区域与农业生产信贷需求　　　　　　　　单位：%

农村地区	信贷需求比例
东部	17.6
中部	24.7
西部	29.2

表 7-9　　　　　　　　　　　农业补贴与农业生产信贷需求　　　　　　　　单位：%

农村地区	信贷需求比例
获得农业补贴的家庭	23.6
未获农业补贴的家庭	27.6

其次，我们对农业生产信贷需求与人口特征因素的关系进行分析。我们将户主年龄从低至高分为 6 组，详细分组标准参见表 7-10。数据表明，农业生产信贷需求集中体现在中青年家庭中。这与国外学者的研究结果一致，根据生命周期理论（Friedman，1957[①]；Modigliani，1986[②]）按年龄段进行分组统计，家庭信贷需求的年龄分布呈现倒 U 形特点。

[①]　M FRIEDMAN. A theory of the consumption function [M]. New Jersey：Princeton University Press，1957.

[②]　F MODIGLIANI. Life cycle，individual thrift，and the wealth of nations [J]. American Economic Review，1986（76）：297-313.

家庭规模与农业生产信贷需求的分析结果表明，家庭成员数量越多，农业生产信贷需求越大。具体参见表7-11。

表 7-10 户主年龄与农业生产信贷需求

农村地区	信贷需求比例（%）
户主年龄 16~25 周岁（不含）	23.8
户主年龄 25~35 周岁（不含）	29.6
户主年龄 35~45 周岁（不含）	29.2
户主年龄 45~55 周岁（不含）	28.0
户主年龄 55~65 周岁（不含）	21.4
户主年龄 65 周岁以上	15.0

表 7-11 家庭规模与农业生产信贷需求

农村地区	信贷需求比例（%）
家庭规模 1 人	16.8
家庭规模 2 人	18.2
家庭规模 3~4 人（含）	25.8
家庭规模 5~6 人（含）	26.0
家庭规模 6 人以上	27.0

7.1.3.2 工商业经营信贷需求的因素分析

调查结果显示，工商业经营信贷需求与家庭收入、主观态度等多个因素相关。

首先，我们对工商业经营信贷需求与家庭收入的关系进行分析。我们同样将家庭收入从低到高分为六组，详细分组标准参见表7-12。数据表明，在全国范围和农村地区，收入对工商业经营信贷需求的影响都呈现出明显的U形特征，最高收入组与最低收入组的工商业经营信贷需求均十分强烈。参见表7-12、表7-13与图7-1。

表 7-12 家庭收入与工商业经营信贷需求（全国） 单位：元

全国	信贷需求比例（%）
家庭年收入 1 万以下（不含）	39.8
家庭年收入 1 万~4 万（不含）	26.7
家庭年收入 4 万~8 万（不含）	22.2
家庭年收入 8 万~15 万（不含）	16.5
家庭年收入 15 万~100 万（不含）	28.3
家庭年收入 100 万以上	35.5

表 7-13	家庭收入与工商业经营信贷需求（农村）	单位：元
农村地区	信贷需求比例（%）	
家庭年收入 1 万以下（不含）	39.1	
家庭年收入 1 万~4 万（不含）	30.7	
家庭年收入 4 万~8 万（不含）	27.9	
家庭年收入 8 万~15 万（不含）	22.5	
家庭年收入 15 万~100 万（不含）	36.7	
家庭年收入 100 万以上	51.0	

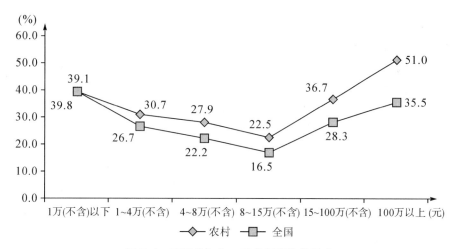

图 7-1 家庭收入与工商业经营信贷需求

其次，我们对工商业经营信贷需求与主观态度因素的关系进行分析。从对风险的态度来看，偏好风险的家庭对工商业经营信贷的需求明显高于回避风险的家庭。具体结果参见表 7-14。对财经信息的关注程度也显著地影响着工商业经营信贷需求。从表 7-15 的结果分析，非常关注经济、金融信息的农村家庭，其工商业经营信贷需求是从不关注财经信息家庭的两倍有余。除此之外，接受过经济或金融类课程培训的农村家庭，工商业经营信贷需求也明显更高，具体结果参见表 7-16。综上所述，工商业经营信贷需求与家庭主观态度关系密切。爱冒险、平时关注财经类信息、具备较高经济金融知识水平的农村家庭对工商业经营信贷资金的需求更强烈。

表 7-14 风险态度与工商业经营信贷需求

全国	信贷需求比例（%）
极度偏好风险	34.0
偏好风险	27.6
风险中性	28.3
规避风险	24.4
极度规避风险	22.3

表 7-15 财经信息关注度与工商业经营信贷需求

农村地区	信贷需求比例（%）
非常关注	58.1
关注	43.7
一般关注	29.7
很少关注	24.9
从不关注	27.3

表 7-16 经济金融知识水平与工商业经营信贷需求

农村地区	信贷需求比例（%）
接受过经济金融类课程培训	37.7
未接受过经济金融类课程培训	30.0

7.1.3.3 住房信贷需求的因素分析

调查结果显示，住房信贷需求与家庭收入水平高度相关。我们同样将家庭收入从低到高分为六组，表 7-17 的结果表明，高收入家庭的住房信贷需求明显小于中低收入家庭。我们对东、中、西部的区域分析得出了类似结果，表 7-18 显示，住房信贷需求由东至西随经济发展程度的降低而依次递增，这说明经济越不发达的地区，住房信贷需求越旺盛。同时，家庭规模也是影响住房信贷需求的一个重要因素，多人家庭的住房信贷需求明显高于单人或双人家庭。具体结果参见表 7-19。

表 7-17	家庭收入与住房信贷需求	单位：元
农村地区		信贷需求比例（%）
家庭年收入 1 万（不含）以下		24.5
家庭年收入 1 万~4 万（不含）		24.0
家庭年收入 4 万~8 万（不含）		23.3
家庭年收入 8 万~15 万（不含）		24.2
家庭年收入 15 万~100 万（不含）		15.8
家庭年收入 100 万以上		13.7

表 7-18	区域与住房信贷需求
农村地区	信贷需求比例（%）
东部	19.6
中部	24.1
西部	27.2

表 7-19	家庭规模与住房信贷需求
农村地区	信贷需求比例（%）
家庭规模 1 人	14.1
家庭规模 2 人	16.4
家庭规模 3~4 人（含）	25.1
家庭规模 5~6 人（含）	27.1
家庭规模 6 人以上	26.6

7.1.3.4 信用卡需求的因素分析

调查结果显示，信用卡需求与金融知识水平、主观态度及收入等多个因素有关。

我们以户主的学历代表家庭的受教育程度，图 7-2 的结果表明，无论在全国范围还是农村地区，家庭受教育程度越高，对信用卡的需求越强烈。类似地，从表 7-20 可以发现，接受过经济金融类课程培训的家庭，对信用卡的需求明显高于未经培训的家庭。对财经类信息的关注度同样与信用卡需求相关，关注度越高的家庭，信用卡需求表现得越强烈。具体结果参见图 7-3。

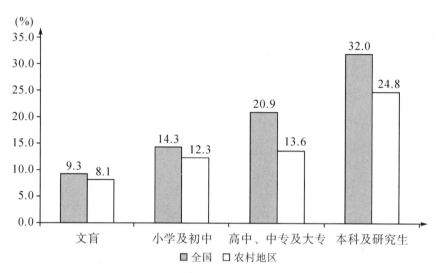

图 7-2　学历水平与信用卡需求

表 7-20　　　　　　　　　　　经济金融知识水平与信用卡需求

农村地区	信用卡需求比例（%）
接受过经济金融类课程培训	14.5
未接受过经济金融类课程培训	11.7

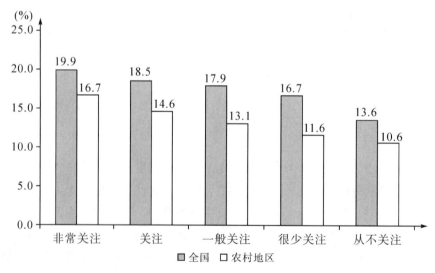

图 7-3　财经信息关注度与信用卡需求

　　我们还发现，信用卡需求与家庭的风险态度显著相关。偏好风险的家庭对信用卡的需求明显高于规避风险的家庭。具体结果参见表 7-21。同时，收入对信用卡需求的影响呈现出与其他类别信贷需求不同的特征，收入越高的家庭，对信用卡的需求也越高。具体结果参见表7-22。综上所述，信用卡表现为一种较新颖的信贷方式，在高收入、高学历及具备一定经济金融知识的群体中接受度较高。

表 7-21 风险态度与信用卡需求

农村地区	信用卡需求比例（%）
极度偏好风险	16.4
偏好风险	15.5
风险中性	15.3
规避风险	11.9
极度规避风险	1.1

表 7-22 家庭收入与信用卡需求 单位：元

全国	信用卡需求比例（%）
家庭年收入1万（不含）以下	14.8
家庭年收入1万~4万（不含）	15.6
家庭年收入4万~8万（不含）	15.1
家庭年收入8万~15万（不含）	17.0
家庭年收入15万~100万（不含）	25.1
家庭年收入100万以上	51.1

7.2 正规信贷可得性

7.2.1 正规信贷可得性指数构建

正规信贷可得性指数衡量了正规信贷需求被满足的程度，通常是指实际获得贷款家庭与有正规信贷需求家庭之间的比例，取值范围通常介于0~1之间。例如，正规信贷可得性指数为60%，这代表100户有正规信贷需求的家庭中，能够实际获得银行贷款的有60户。

具体地讲，正规信贷可得性指数构造方法如下：

正规信贷可得性指数=获得贷款家庭数量/有正规信贷需求家庭数量

由于贷款用途不同，正规信贷可得性指数又可以细分为农业生产信贷可得性指数、工商业经营信贷可得性指数、住房信贷可得性指数、汽车信贷可得性指数及信用卡可得性指数。各分项构造方法与此类似，不再赘述。在本节内容中，我们首先计算正规信贷可得性指数，再比较全国与农村地区的信贷可得性差别，接着从不同信用用途进行深入探讨与比较，最后全面总结各种因素对正规信贷可得性的影响。

7.2.2 正规信贷可得性分析

7.2.2.1 正规信贷可得性总指数分析

近 20 年来，国内外理论研究和经验分析的成果均表明，发展中国家农户金融抑制现象普遍存在[①]，主要由市场的不完美造成。例如，政府设定利率上下限、信贷市场中的交易成本过高、非正规借贷市场中的垄断现象[②]、道德风险问题等。CHFS 的调查结果显示，全国家庭的正规信贷可得性为 40.5%，农村家庭仅为 27.6%，参见表 7-23。农村家庭的信贷可得性远远低于全国水平，这表明与很多发展中国家类似，中国农村家庭也受到严重的金融抑制。

表 7-23	正规信贷可得性总指数	单位:%
	全国	农村地区
正规信贷可得性	40.5	27.6

对金融抑制现象作进一步分析发现，在有信贷资金需求的家庭中，全国有 59.5% 的家庭受到信贷约束，其中，53.5% 的家庭需要资金但是没有到银行申请，6.0% 的家庭申请了贷款但是被银行拒绝。在农村地区，金融抑制现象更为严重，72.4% 的农村家庭受到信贷约束，其中，62.7% 的农村家庭需要资金但是没有到银行申请，9.7% 的家庭申请了贷款但是被银行拒绝。具体参见表 7-24。

表 7-24	信贷约束比例	单位:%
	全国	农村地区
信贷约束比例	59.5	72.4
——未申请贷款比例	53.5	62.7
——申请了贷款但被拒比例	6.0	9.7

7.2.2.2 农业生产信贷可得性分析

调查结果显示，在从事农业生产的家庭中，农村家庭的农业生产信贷可得性为

---

① 请参考 Stiglitz and Weiss (1981)，Carter (1988)，Milde and Riley (1988)，Kochar (1997) 等人的文献。
② Bell et al. (1997) 对此有详尽的阐述。

31.34%。参见表7-25。农村地区的农业生产信贷可得性仍有待提高。

表 7-25	农业生产信贷可得性	单位:%
	农村地区	
农业生产信贷可得性	31.3	

7.2.2.3 工商业经营信贷可得性分析

调查结果显示,在从事工商业经营的家庭中,全国家庭的工商业经营信贷可得性为47.6%,农村家庭为44.8%。参见表7-26。农村地区的工商业信贷可得性低于全国水平。然而总的来说,工商业经营信贷可得性明显高于农业生产信贷可得性。

表 7-26	工商业经营信贷可得性	单位:%
	全国	农村地区
工商业经营信贷可得性	47.6	44.8

7.2.2.4 住房信贷可得性分析

表7-27的结果显示,在购置或修建了住房的家庭中,全国家庭的住房信贷可得性为51.1%,农村家庭仅为25.4%。农村地区的住房信贷可得性远远低于全国水平。农村家庭购置商品房的比例较小,大多以自己修建的方式取得住房。数据表明,农村家庭购置或修建房屋的资金压力很大,受到的信贷约束十分严重。

表 7-27	住房信贷可得性	单位:%
	全国	农村地区
住房信贷可得性	51.1	25.4

7.2.2.5 汽车信贷可得性分析

表7-28的结果显示,在购买了汽车的家庭中,全国家庭的汽车信贷可得性为61.1%,农村家庭则为48.9%。农村地区的汽车信贷可得性低于全国水平。由于汽车信贷属于抵押贷款,且贷款金额一般来讲低于房屋抵押贷款,贷款期限也较短,因此汽车信贷可得性高于其他用途的信贷可得性。

表 7-28	汽车信贷可得性	单位:%
	全国	农村地区
汽车信贷可得性	61.1	48.9

7.2.2.6 信用卡可得性分析

调查结果显示，在需要信用卡的家庭中，全国有 40.5% 的家庭申请成功，农村仅有 27.6% 的家庭申请成功。表 7-29 显示，信用卡申请被拒比例是非常低的，大多数家庭需要信用卡但因为担心还款能力等原因而没有去申请。

表 7-29	信用卡可得性	单位:%
	全国	农村地区
信用卡可得性	40.5	27.6
信用卡申请被拒比例	3.0	2.2
需要但未去申请比例	61.8	79.4

7.2.3 正规信贷可得性的因素分析

7.2.3.1 农业生产信贷可得性的因素分析

调查结果显示，农业生产信贷可得性与受教育程度、经济金融知识水平以及收入等多个因素相关。表 7-30 显示，户主学历越高的家庭，农业生产信贷可得性也越高。表 7-31 显示，无论在全国还是在农村地区，参加过经济金融类课程培训的家庭，农业生产信贷可得性明显高于未参加过培训的家庭。图 7-4 显示，平时对财经类信息越关注的家庭，农业生产信贷可得性也越高。综上所述，教育是影响农业生产信贷可得性的重要因素。

表 7-30	学历水平与农业生产信贷可得性	单位:%
全国		信贷可得性指数
文盲		23.9
小学及初中		30.4
高中、中专及大专		40.3
本科及研究生		62.4

表 7-31	经济金融知识水平与农业生产信贷可得性	单位:%
	全国	农村地区
接受过经济金融类课程培训	44.62	48.7
未接受过经济金融类课程培训	30.36	31.0

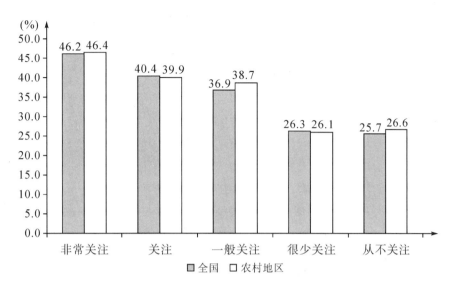

图 7-4　财经信息关注度与农业生产信贷可得性

表 7-32 显示，无论在全国还是在农村地区，农业生产信贷可得性都随收入增加而提高。收入水平显然是影响农业生产信贷可得性的重要因素。

表 7-32　　　　　　　　　　　　家庭收入与农业生产信贷可得性　　　　　　　　　　　单位：元

	全国（%）	农村地区（%）
家庭年收入 1 万（不含）以下	24.4	24.9
家庭年收入 1 万~4 万（不含）	28.1	29.7
家庭年收入 4 万~8 万（不含）	35.0	37.4
家庭年收入 8 万~15 万（不含）	53.2	52.4
家庭年收入 15 万~100 万（不含）	59.3	57.2
家庭年收入 100 万以上	60.9	*

* 因样本量过少而不予汇报。

7.2.3.2　工商业经营信贷可得性的因素分析

调查结果显示，与农业生产信贷可得性类似，工商业经营信贷可得性也与受教育程度、经济金融知识水平以及收入等多个因素相关。表 7-33 显示，户主学历越高的家庭，工商业信贷可得性也越高。表 7-34 显示，无论在全国还是在农村地区，参加过经济金融类课程培训的家庭，工商业经营信贷可得性远远高于未参加过培训的家庭。因此，教育同样是影响工商业经营信贷可得性的重要因素。表 7-35 显示，全国家庭的工商业经营信贷可得性大致随收入增加而提高，特别是，在最低收入人群中，信贷可得性有上升的趋势。

在 7.2.5 小节中我们将详细讨论此现象。收入水平显然也是影响工商业经营信贷可得性的重要因素。

表 7-33 　　　　　　　　学历水平与工商业经营信贷可得性

全国	信贷可得性指数（%）
文盲	36.3
小学及初中	42.5
高中、中专及大专	53.3
本科及研究生	61.2

表 7-34 　　　　　　经济金融知识水平与工商业经营信贷可得性 　　　　　单位:%

	全国	农村地区
接受过经济金融类课程培训	61.5	81.9
未接受过经济金融类课程培训	44.8	42.4

表 7-35 　　　　　　　家庭收入与工商业经营信贷可得性 　　　　　单位：元

全国	信贷可得性指数（%）
家庭年收入 1 万（不含）以下	40.2
家庭年收入 1 万~4 万（不含）	34.3
家庭年收入 4 万~8 万（不含）	44.0
家庭年收入 8 万~15 万（不含）	54.2
家庭年收入 15 万~100 万（不含）	67.2
家庭年收入 100 万以上	86.1

7.2.3.3　住房信贷可得性的因素分析

调查结果显示，住房信贷可得性与受教育程度、收入水平及人口特征等多个因素相关。表 7-36 显示，户主学历越高的家庭，住房信贷可得性也越高。表 7-37 显示，无论在全国还是在农村地区，参加过经济金融类课程培训的家庭，住房信贷可得性均高于未参加过培训的家庭。因此，教育同样是影响住房信贷可得性的重要因素。表 7-38 显示，全国家庭的住房信贷可得性随收入增加而提高。收入水平显然也是影响住房信贷可得性的重要因素。同时，户主为中青年的家庭，住房信贷可得性明显高于其他年龄段。这是由于住房贷款期限通常较长，信贷政策对申请人的年龄有一定限制，年轻人申请住房贷款的优势较大。具体结果参见表 7-39。

表 7-36   学历水平与住房信贷可得性

全国	信贷可得性指数（%）
文盲	21.5
小学及初中	32.3
高中、中专及大专	62.7
本科及研究生	85.3

表 7-37   经济金融知识水平与住房信贷可得性   单位:%

	全国	农村地区
接受过经济金融类课程培训	75.5	37.6
未接受过经济金融类课程培训	42.5	25.2

表 7-38   家庭收入与住房信贷可得性   单位：元

全国	信贷可得性指数（%）
家庭年收入1万（不含）以下	28.4
家庭年收入1万~4万（不含）	28.6
家庭年收入4万~8万（不含）	46.8
家庭年收入8万~15万（不含）	66.5
家庭年收入15万~100万（不含）	87.1
家庭年收入100万以上	93.6

表 7-39   户主年龄与住房信贷可得性

全国	信贷可得性指数（%）
户主年龄16~25周岁（不含）	59.4
户主年龄25~35周岁（不含）	71.4
户主年龄35~45周岁（不含）	52.8
户主年龄45~55周岁（不含）	37.5
户主年龄55~65周岁（不含）	36.3
户主年龄65周岁以上	23.8

7.2.3.4 汽车信贷可得性的因素分析

调查结果显示，汽车信贷可得性与收入水平相关。表7-40显示，全国家庭的汽车信贷可得性大致随收入增加而提高，与工商业经营信贷可得性类似，汽车信贷可得性同样在最低收入人群中出现翘尾特征。表7-41显示，全国家庭的汽车信贷可得性呈现出明显的区域特征，汽车信贷可得性由东至西随经济发展程度降低而减少。综上，收入水平是影响汽车信贷可得性的重要因素。

表7-40	家庭收入与汽车信贷可得性	单位：元
全国		信贷可得性指数（%）
家庭年收入1万（不含）以下		43.8
家庭年收入1万~4万（不含）		40.4
家庭年收入4万~8万（不含）		53.9
家庭年收入8万~15万（不含）		63.7
家庭年收入15万~100万（不含）		85.9
家庭年收入100万以上		92.6

表7-41	区域与汽车信贷可得性
全国	信贷可得性指数（%）
东部	67.0
中部	53.1
西部	52.5

7.2.3.5 信用卡可得性的因素分析

调查结果显示，信用卡可得性与受教育程度、经济金融知识水平及人口特征等多个因素有关。表7-42显示，信用卡可得性随学历水平提高而明显上升。表7-43同样表明，具备一定经济金融知识的家庭，其信用卡可得性明显高于其他家庭。区域分析表明，信用卡可得性随区域经济发展程度提高而增加。东部、中部与西部家庭的信用卡可得性依次递减。具体结果参见表7-44。同时，信用卡可得性呈现出明显的年龄特征，户主年龄越大，信用卡可得性越小。详细结果参见表7-45。

表 7-42	学历水平与信用卡可得性	单位:%
	全国	农村地区
文盲	6.7	3.8
小学及初中	23.7	18.5
高中、中专及大专	51.1	28.6
本科及研究生	73.4	55.7

表 7-43	经济金融知识水平与信用卡可得性	单位:%
	全国	农村地区
接受过经济金融类课程培训	68.0	30.2
未接受过经济金融类课程培训	32.3	18.1

表 7-44	区域与信用卡可得性	单位:%
	全国	农村地区
东部	47.8	28.5
中部	28.9	16.9
西部	28.0	13.5

表 7-45	户主年龄与信用卡可得性	
	全国（%）	农村地区（%）
户主年龄 16~25 周岁（不含）	24.4	7.2
户主年龄 25~35 周岁（不含）	27.2	10.2
户主年龄 35~45 周岁（不含）	15.3	6.1
户主年龄 45~55 周岁（不含）	9.5	4.2
户主年龄 55~65 周岁（不含）	4.9	1.3
户主年龄 65 周岁以上	1.9	0.6

7.2.4 完善农村土地抵押二级市场对家庭信贷可得性的影响

党的十八届三中全会做出了《中共中央关于全面深化改革若干重大问题的决定》，文件阐明政府将建立城乡统一的建设用地市场的政策方针，稳妥推进土地租赁、转让、抵押二级市场的发展与改进。完善农村土地抵押二级市场对我国家庭信贷可得性尤其是农村家庭信贷可得性影响巨大。根据我们的数据推算，如果拥有农村土地的家庭可以将自有的农用土地或宅基地抵押给银行，增加还款保障，贷款申请获得通过的概率将提高近20%。然而，由于银行拒贷原因为无抵押品的贷款申请占比不大，农村土地抵押对家庭信贷可得性的总体影响仍很小。

7.2.4.1　农村土地抵押对农业生产信贷可得性的影响

农村居民家庭中拥有农业生产贷款的家庭占比为 7.0%。在没有农业生产贷款的家庭中，因申请贷款被拒的家庭占比为 3.5%。在诸多拒贷原因中，因没有抵押品而未通过贷款申请的比例为 19.3%。在这些缺乏抵押品的农村家庭中，98.3%的家庭拥有农用土地或宅基地等土地资产。因此，在农村土地抵押二级市场逐步完善后，银行接受这些土地资产作为抵押品，银行的拒贷比例将下降18.7%，农业生产信贷可得性提高 0.70 个百分点。

7.2.4.2　农村土地抵押对工商业经营信贷可得性的影响

农村居民家庭中，拥有工商业贷款的家庭占比为 13.6%。在没有工商业贷款的家庭中，因申请贷款被拒的家庭占比为 4.6%。在诸多拒贷原因中，因没有抵押品而未通过贷款申请的比例为 15.3%。在这些缺乏抵押品的农村家庭中，69.1%的家庭拥有农用土地或宅基地等土地资产。因此，在农村土地抵押二级市场逐步完善后，银行接受这些土地资产作为抵押品，银行的拒贷比例将下降 10.6%，工商业经营信贷可得性提高 0.61 个百分点。

7.2.4.3　农村土地抵押对住房信贷可得性的影响

农村居民家庭中，拥有住房贷款的家庭占比为 15.3%。在没有住房贷款的家庭中，因为申请贷款被拒的家庭占比为 2.7%。在诸多拒贷原因中，因为没有抵押品而未通过贷款申请的比例为 20.8%。在这些缺乏抵押品的农村家庭中，100%的家庭拥有农用土地或宅基地等土地资产。因此，在农村土地抵押二级市场逐步完善后，银行接受这些土地资产作为抵押品，银行的拒贷比例将下降20.8%，住房信贷可得性提高 0.48 个百分点。

7.2.5　普惠金融与信贷可得性

2013 年 11 月 12 日，党的第十八届中央委员会第三次全体会议做出《中共中央关于全面深化改革若干重大问题的决定》，正式提出"发展普惠金融，鼓励金融创新，丰富金融市场层次和产品"。普惠金融的主要任务是通过金融创新，为广大中低收入阶层甚至贫困人口提供可得性金融服务。

根据 2013 年中国家庭金融调查，全国家庭的正规信贷可得性为 40.5%。换言之，如果有 1 000 户家庭有信贷需求，平均仅有 405 户家庭能够从银行获得贷款。据调查数据计算，全国家庭的各类信贷需求金额总量为户均 6.3 万元，其中能够从正规信贷渠道获得贷款 3.2 万元。正规信贷获得额是反映信贷可得性的又一关键指标。见表 7-46。

如图 7-5 所示，将我国家庭按收入水平从低至高等分为 10 组，由于最高收入组的正规信贷获得额大幅高于其他组别，比较意义不大，因此图7-5仅列示了收入组最高至90%的家庭。可以发现，大体来讲正规信贷获得额随收入降低而相应减少，但是在低收入阶层和极端贫困家庭中，正规信贷获得额具有明显的回升。我们认为，普惠金融的开展是低收入阶层的信贷获得额没有进一步下降的原因，信贷获得额甚至在低收入阶层中呈现出翘尾的趋势。普惠金融的开展降低了低收入家庭获得银行贷款的难度，增加了这些家庭实际获得的贷款金额。随着普惠金融进一步地广泛推行，如果向低收入阶层和极端贫困人口的倾斜性金融政策实施得力，低收入家庭信贷获得额的翘尾特征会更加明显。

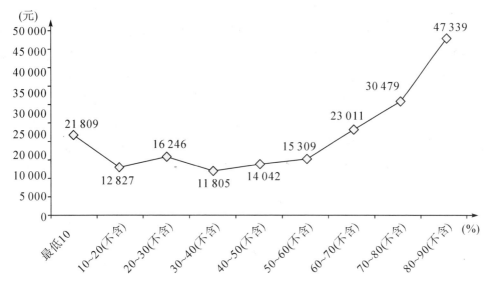

图 7-5　各收入阶层正规信贷获得额比较

表 7-46　　　　　　　　　　各收入阶层信贷获得额比较　　　　　　　　　单位:%

收入分组	最低 10	10~20（不含）	20~30（不含）	30~40（不含）	40~50（不含）
信贷需求额（元）	76 143	45 221	31 766	42 894	58 841
正规信贷获得额（元）	21 809	12 827	16 246	11 805	14 042
收入分组	50~60（不含）	60~70（不含）	70~80（不含）	80~90（不含）	最高 10
信贷需求额（元）	45 556	41 041	48 467	87 156	202 050
正规信贷获得额（元）	15 309	23 011	30 479	47 339	170 085

8 农村家庭的财务风险

本章分析了我国农村家庭的财务风险。数据显示，我国农村有债务家庭的比例高于全国水平，但家庭债务规模远低于全国。西部农村家庭借债的比例最高，但家庭债务规模最低。从债务收入比和资产负债率来看，我国农村家庭的债务负担较城市更重。在农村有债务家庭中，已有10.5%的家庭出现了资不抵债，属于高财务风险家庭。从区域来看，西部农村家庭的高财务风险家庭比例相对比东部和中部更高。农村高财务风险家庭主要集中在高负债、低收入、低资产的家庭，这些家庭举债更多是因为生产经营、教育和看病。债务风险指数用于体现某一家庭群体的风险债务比例。如果以资不抵债为风险标准，农村家庭债务总额中有9.6%是风险债务。但由于农村家庭大部分债务来自民间借款，所以风险债务目前对银行系统冲击不大。

8.1 财务风险概况

8.1.1 农村家庭的债务负担

如图8-1所示，在全国家庭调查样本中，33.9%的家庭有债务负担，而农村有债务家

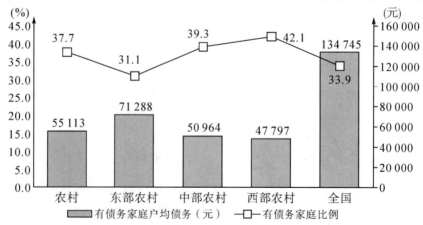

图8-1 我国农村家庭的借债比例和债务规模

庭的比例为 37.7%，略高于全国平均水平 3.8 个百分点。虽然我国农村家庭借债的比例高于全国，但家庭债务规模不高。根据 2013 年的 CHFS 调查数据，全国家庭债务总额中只有 15.8% 来自于农村家庭。全国有债务家庭的户均债务负担为 134 745 元，而农村有债务家庭的户均债务为 55 113 元，远远低于全国水平。

从区域来看，我国东部农村、中部和西部有债务家庭的比例分别为 31.1%、39.3% 和 42.1%，西部农村家庭的比例最高，东部农村家庭的比例最低。农村东、中、西部有债务家庭的户均债务分别为 71 288 元、50 964 元和 47 797 元，东部农村家庭债务水平相对最高，西部农村家庭相对最低。

一般而言，家庭收入水平越低，借债的可能性越大，然而融资能力却越低。由于城乡收入的差异，农村家庭相对于城市家庭的借债比例自然更高，但农村家庭收入水平制约了其借债能力，因此，农村家庭的债务规模远低于全国水平。根据 CHFS 调查数据，2012 年东部农村、中部、西部家庭的平均税后收入分别为 41 786 元、35 046 元和 33 183 元，东部农村家庭收入相对最高，而西部农村家庭收入相对最低。所以，西部农村家庭借债的比例相对最高，但家庭债务规模最低。

8.1.2 家庭财务风险的定义和衡量

家庭财务风险是指由于借款人（以家庭为单位）不能按时、足额地偿还利息和本金而给贷款人造成一定的损失的可能性，即家庭债务的违约风险。

家庭财务风险的大小与家庭的偿还能力有关，偿还能力越强，家庭财务风险越低。在家庭融资中，偿还债务的资金主要来自于收入或者资产的变卖。因此，本报告使用两个指标来反映家庭债务偿还能力，进而反映家庭财务风险的大小。

财务风险指标 I = 债务/税后收入

财务风险指标 II = 债务/资产

财务风险指标 I 衡量的是家庭债务相对于税后收入的倍数，即在目前的税后收入和债务水平不变的条件下，家庭用收入清偿债务所需要花费的年数。债务收入比越大，说明家庭偿还能力越弱，财务风险越高。

除了运用收入现金流来偿还债务外，在有些情况下，家庭也可以通过变卖资产获得资金以偿还债务，因此债务相对于资产的比例即资产负债率也可以作为衡量家庭财务风险的指标之一。家庭债务相对于家庭资产的比例越高，家庭偿债能力越弱，财务风险越高。

在本报告里，我们将资不抵债的家庭视为高财务风险家庭，因为这类家庭的债务总额超过了其资产规模，债务负担过重，已经无法通过变卖所有家庭资产进行偿还。

8.1.3 家庭财务风险水平

如表 8-1 所示，在全国家庭调查样本中，33.9% 的家庭有债务负担，这部分家庭的债务收入比为 197.8%，家庭债务是家庭税后收入的近 2 倍。在农村家庭调查样本中，37.7%的家庭有借款，此类家庭的债务收入比为 155.0%，即这些家庭的债务是收入的近 1.6 倍，低于全国水平。从债务资产比来看，全国有债务家庭的资产负债率为 15.8%，农村有债务家庭的资产负债率略高，为 16.6%。

考虑到债务中的房屋按揭贷款属于中长期债务，借款人可以在长时期内分摊偿还。如果剔除这部分贷款，农村家庭的债务收入比为 47.9%，有债务农村家庭的债务收入比为 131.4%，均高于全国家庭水平，说明农村家庭债务负担水平相较于城市家庭还是更重。

表 8-1 　　　　　　　　　　我国家庭债务收入比和资产负债率 　　　　　　　　单位:%

	全国	农村
全样本		
债务收入比	68.7	59.1
债务收入比（房屋按揭除外）	42.5	47.9
资产负债率	5.9	6.8
有债务样本		
债务收入比	197.8	155.0
债务收入比（房屋按揭除外）	113.0	131.4
资产负债率	15.8	16.6

表 8-2 还对比了美国家庭的债务收入比和资产负债率。整体而言，我国家庭的债务收入比和资产负债率都低于美国在 2007 年和 2010 年的水平。但就有债务家庭而言，我国家庭的债务收入比超过了美国，农村有债务家庭的债务收入比虽然低于全国，但也与美国有债务家庭相当。这说明我国家庭（包括农村家庭）的债务负担已经不轻，值得警惕。

表 8-2 　　　　　　　　　　中美家庭债务收入比和资产负债率 　　　　　　　　单位:%

	中国 （2012 年）	中国农村 （2012 年）	美国 （2007 年）	美国 （2010 年）
全样本				
债务收入比	68.7	59.1	84	90
资产负债率	5.9	6.8	14.8	16.4
有债务样本				
债务收入比	197.8	155.0	149	166
资产负债率	15.8	16.6	19.4	22

［美国数据来源］Changes in U. S. Family Finances from 2007 to 2010: Evidence from the Survey of Consumer Financers ［R/OL］. Board of Governors of Federal Reserve System, www. federalreserve. gov.

从区域来看，以债务收入指标衡量，农村东、中、西部家庭的财务风险相差不大，债务收入比分别为 156.6%、155.8% 和 152.5%。但中部农村家庭债务资产比相对较高，为19.0%，比东部农村和西部农村家庭分别高出 3.3 个百分点和 3.4 个百分点（参见图 8-2）。

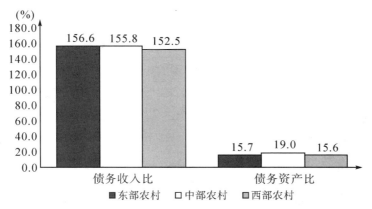

图 8-2　我国农村东、中、西部有债务家庭的财务风险指标

8.1.4　高财务风险家庭的特点

本报告将资不抵债家庭定义为高财务风险家庭。如图 8-3 所示，在全国有债务家庭中，8.1% 的家庭已经出现资不抵债；在农村有债务家庭中，出现资不抵债的比例高达10.5%，比全国高出 2.4 个百分点。CHFS 数据显示，在农村家庭调查样本中，有 4.0% 的家庭净资产小于零。这个数字已经不低。美国家庭申请破产成功的比例[①]在 2008 年、2009年和 2010 年也仅有 1%、1.3% 和 1.4%。

在我国农村有债务家庭中，出现资不抵债的家庭比例在东、中、西部的比例分别为8.8%、10.8% 和 11.3%，西部农村的高财务风险家庭比例相对比东部农村和中部农村更高。

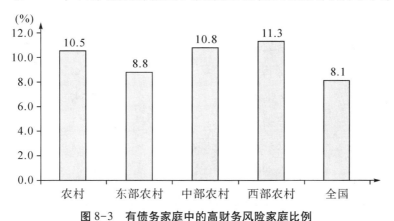

图 8-3　有债务家庭中的高财务风险家庭比例

---

① 参见美国司法网（www.usacourts.gov）和美国人口普查网（www.census.gov）。

　　表 8-3 描述了农村高财务风险家庭与其他借债家庭在收入、资产和负债方面的差异。如表 8-3 所示，高财务风险家庭的平均负债为 97 828 元，几乎是其他借债家庭的两倍。但高财务风险家庭的平均资产只有 46 753 元，远远低于其他借债家庭（户均资产为370 904 元）。高财务风险家庭的资产负债率已经高达 209.2%，债务收入比为 4.9 倍。

表 8-3	农村高财务风险家庭的债务负担	单位：元
	高财务风险家庭	其他借债家庭
户均债务	97 828	51 489
户均资产	46 753	370 904
户均收入	19 939	37 584
资产负债率	209.2%	13.9%
债务收入比	4.9	1.5

　　如表 8-4 所示，从债务结构来看，高财务风险家庭的债务主要集中在经营性负债和其他负债上，分别占到 36.2% 和 30.4%。CHFS 数据显示，农村拥有其他负债的主要原因是为了看病（参见第 5 章）。相对而言，其他借债家庭的负债主要集中在房产负债和经营性负债上，分别占到 45.8% 和 33.0%。虽然高财务风险家庭的经营性负债占比与其他借债家庭相似，但前者的经营性负债规模却是后者的 2.1 倍。此外，数据还显示，高财务风险家庭的教育负债无论是规模还是占比都高于其他借债家庭，而且这些教育负债 80% 是通过民间渠道获得的。

表 8-4	农村高财务风险家庭的债务结构			
	高财务风险家庭		其他借债家庭	
	均值（元）	占比（%）	均值（元）	占比（%）
农业/工商业负债	35 449	36.2	16 997	33.0
房产负债	16 143	16.5	23 598	45.8
汽车负债	2 464	2.7	32 797	6.4
教育负债	13 333	13.6	2 033	3.9
信用卡负债	634	0.6	1 093	0.2
其他负债	29 804	30.4	5 473	10.7
总负债	97 828	100.0	51 489	100.0

　　总之，农村高财务风险家庭主要集中在高负债、低收入、低资产的家庭，这些家庭举债更多是因为生产经营、教育和看病。

8.2 债务风险指数

8.2.1 债务风险指数的含义

债务风险指数用于体现某一家庭群体的风险债务比例，指数取值区间在 0~1 之间。例如，当指数取值为 50%时，说明该家庭群体总债务中的风险债务比例为 50%。该指数取值越大，说明风险债务比例越大。

债务风险指数的优势在于它能综合衡量某一家庭群体的总体债务风险，既考虑了每个家庭的财务风险水平，也考虑了该家庭的债务规模对整体债务风险的影响。

8.2.2 债务风险指数的构造

债务风险指数的构造公式如下：

$$\text{Index} = \frac{D_{risk}}{D} = \frac{\sum_{i=1}^{i=n} PiDi}{D}$$

其中，Pi 为家庭 i 的债务风险系数，Di 为家庭 i 目前的债务余额，D 为全部家庭的债务总额。

债务风险指数构造的基本思路：①首先估计出每户家庭的债务风险系数 Pi；②用每户家庭的债务风险系数 Pi 乘以该户家庭目前所欠债务 Di，可以估算出每户家庭的风险债务额；③将每户家庭的风险债务加总可得到所有家庭的风险债务总额 D_{risk}；④用家庭风险债务总额除以家庭债务总额可以得到风险债务比例，即某家庭群体的债务风险指数。

以上步骤中最为关键的是估计每户家庭的债务风险系数 Pi，为此拟建立一个 Probit 模型：

$$\Pr(Y|X) = \alpha + \beta X$$

其中，Y=1 表示债务有风险，Y=0 表示债务没有风险，确认家庭债务有风险的标准是资不抵债；X 为影响债务风险的一系列因素，包括消费支出、户主受教育年限、是否农民、是否就业、婚姻状况、家庭人数等信息。[①]

---

① 变量的选取参照 Daniel 和 Monica（2007）、Sobehart 和 Keenan（2002）以及 Herrala 和 Kauko（2007）等人的文献。

8.2.3 债务风险指数水平

表8-5给出了全国和农村有债务家庭的债务风险指数。全国有债务家庭的债务风险指数为6.5%，农村借债家庭的债务风险指数为9.6%，比全国高出3.1个百分点。这意味着，如果以资不抵债为风险标准，农村家庭总债务中有9.6%是风险债务。数据表明，农村借债家庭的户均债务虽然低于全国水平，但债务负担较重，风险债务比例相对更高。从区域来看，虽然东部农村借债家庭的户均债务水平（71 288元）高于中、西部农村家庭，但以债务风险指数衡量，东部农村家庭在整体上并没有表现出更高的债务风险。

虽然从风险债务比例来看，农村家庭的债务风险不低，但由于我国农村家庭大部分债务来自民间借款（参见第9章），所以以风险债务目前对银行系统冲击不大。

表 8-5	全国和农村家庭债务风险指数				单位:%
	农村	东部农村	中部农村	西部农村	全国
有债务家庭比例	37.7	31.1	39.3	42.1	33.9
有债务家庭户均债务（元）	55 113	71 288	50 964	47 797	134 745
财务风险指数	9.6	9.8	10.0	9.1	6.5

8.3 不同家庭群体的财务风险

8.3.1 家庭收入与财务风险

如表8-6所示，从不同收入层次的农村家庭来看，低收入家庭借债的比例相对较低，只有34.7%，但是低收入借债家庭的债务负担较重，户均债务为52 185元，比较低收入和较高收入家庭的债务分别高出16 007元和5 578元。高收入农村家庭借债的比例为38.1%，与较低收入和较高收入家庭相似，但高收入农村家庭的户均债务（83 784元）也最高。也就是说，从家庭收入层次来看，家庭债务水平负担呈正U形特点，低收入和高收入家庭的债务相对更重。

低收入家庭中出现资不抵债的比例高达14.9%，而高收入家庭的比例相对更低（5.7%）。以债务风险指数衡量，低收入家庭群体的风险债务比例也是最高的。高收入、较高收入、较低收入和低收入农村家庭群体的债务风险指数分别是8.3%、9.6%、10.6%和11.5%。

表 8-6 不同收入层次的农村有债务家庭财务风险 单位:%

收入层次	债务家庭比例	户均债务（元）	资不抵债家庭比例	风险指数
低收入	34.7	52 185	14.9	11.5
较低收入	38.1	36 178	12.7	10.6
较高收入	39.7	47 607	10.7	9.6
高收入	38.1	83 784	5.7	8.3

8.3.2 年龄结构与财务风险

表 8-7 显示，户主年龄为 29 周岁以下的家庭中，有债务家庭比例是最高的（47.8%），其次是户主年龄为 40~49 周岁的家庭（45.1%）。户主年龄在 50 周岁以上的家庭借债比例明显更低，而且这些家庭的债务规模也低于中青年家庭。

从债务收入比来看，户主年龄在 30~39 周岁的家庭债务负担是最重的，其债务收入比为 183.1%。以债务风险指数来衡量，高龄户主家庭群体的债务风险最高，有 12.2%的债务属于风险债务。

表 8-7 不同年龄层次的农村有债务家庭财务风险指数 单位:%

年龄层次	债务家庭比例	户均债务（元）	债务收入比	风险指数
29 周岁以下	47.8	56 735	130.8	8.9
30~39 周岁	40.2	56 103	183.1	8.0
40~49 周岁	45.1	64 309	171.4	9.4
50~59 周岁	37.6	54 458	166.4	10.2
60 周岁以上	22.3	47 743	151.6	12.2

8.3.3 受教育程度与财务风险

表 8-8 显示，户主受教育程度越高，借债家庭比例越大。户主学历在小学及以下的借债家庭比例最低，为 30.6%；而户主学历在大专及以上的借债家庭比例最高，为 50.5%。户主学历为大专及以上的农村借债家庭户均债务为 88 191 元，远远高于其他家庭。从债务收入比来看，户主学历在高中及职高的家庭债务负担最重，债务收入比为 186.8%。从债务风险指数来看，户主受教育程度在小学及以下、高中及职高的家庭群体，其风险债务比例最高，分别为 11.9%和 11.5%。

表 8-8		不同学历层次的农村有债务家庭财务风险指数		单位:%
学历层次	债务家庭比例	户均债务（元）	债务收入比	风险指数
小学及以下	30.6	44 923	155.0	11.9
初中	38.1	57 365	143.1	9.9
高中及职高	40.4	74 065	186.8	11.5
大专及以上	50.5	88 191	155.4	8.3

9　农村家庭的民间借贷

农户之间的借贷行为是农村金融市场的重要组成部分，不仅可以提高农户收入水平，而且能够减少农村贫困、缩小贫富差异。对于农村地区来说，在借贷市场存在严重信息不对称的情况下，民间金融市场是正规金融市场的有效补充。2013 年，农村有 40%以上的家庭拥有民间借款，其比例远远高于全国水平，而民间借入资金主要用于住房和生产经营项目，资金主要来自于兄弟姐妹，其次是其他亲属，再次是朋友，只有很小比例的家庭会从民间金融组织寻求资金借贷。

9.1　民间借贷参与率

本章的民间借贷是指个人向银行或信用社等金融机构以外的其他渠道获得借款，借款途径包括父母等亲属、朋友或同事以及民间金融组织等。在借贷市场存在严重信息不对称的情况下，民间金融市场是正规金融市场的有效补充。尤其是对于农村地区来说，银行难以获取潜在贷方的还款能力信息，所以农村地区大多是通过民间借贷的方式满足借贷需求。农户之间的借贷行为是农村金融市场的重要组成部分，不仅可以提高农户收入水平，而且能够减少农村贫困、缩小贫富差异。[1]

民间借贷参与率是指拥有民间借款的家庭比例。如表 9-1 所示，2013 年全国有 34.7%的家庭参与了民间借贷，农村民间借贷参与率高达 43.8%，显示出中国农村家庭民间借贷活动非常旺盛。此结果与国内其他学者的发现一致[2]。

表9-1	民间借贷参与率	单位:%
地区	民间借贷参与率	
全国	34.7	
农村	43.8	

[1]　参见 Khandker（1988）的研究。
[2]　参见杨汝岱、陈斌开和朱诗娥（2011）；朱信凯和刘刚（2009）；何广文（1999）等人的研究。

表 9-2 显示了我国家庭在农业/工商业、房产、汽车以及教育方面的民间借贷参与率。如表 9-2 所示，在全国家庭中，21.2%的家庭为购买或新建住房而产生民间借款，9.2%的家庭为农业/工商业生产经营而产生民间借款，5.9%的家庭为教育而产生民间借款，2.2%的家庭为购买汽车而产生民间借款。农村家庭中，25.7%的家庭为购买或新建住房而产生民间借款，14.5%的家庭为农业/工商业生产经营而产生民间借款，8.6%的家庭为教育而产生民间借款，2.1%的家庭为购买汽车而产生民间借款。综上所述，我国家庭更多的是在住房和农业/工商业经营项目上参与民间借贷，尤其是农村地区。

表 9-2	分类民间借贷参与率			单位：%
	农业/工商业	房产	汽车	教育
全国	9.2	21.2	2.2	5.9
农村	14.5	25.7	2.1	8.6

9.2 民间借贷规模

民间借贷规模是指目前家庭有多少尚未还清的民间借贷资金。表 9-3 统计了 2013 年有借贷家庭的户均民间借贷规模。由表 9-3 可以看出，农村有借贷家庭户均民间借贷规模为 3.65 万元，民间借款占总负债比重为 64.6%。其中，东部农村地区有借贷家庭户均民间借贷规模为 4.66 万元，民间借款占总负债比重为 64.7%；中部农村地区有借贷家庭户均民间借贷规模为 3.81 万元，民间借款占总负债比重为 71.5%；西部农村有借贷家庭户均民间借贷规模为 4.81 万元元，民间借款占总负债比重为 57.4%。从全国来看，有借贷家庭户均民间借贷规模为 4.15 万元，民间借款占总负债比重为 32.0%。数据显示，虽然农村家庭民间借贷规模不大，但是民间借贷比重高于全国平均水平，说明农村家庭借款主要来源于民间借贷，其中以中部农村尤为突出。

表 9-3	民间借贷规模	单位：万元
区域	民间借款	民间借款占债务总额比重
农村	3.65	64.6%
东部农村	4.66	64.7%
中部农村	3.81	71.5%
西部农村	2.81	57.4%
全国	4.15	32.0%

表9-4描述了农村家庭不同用途的民间借贷规模。从表9-4中可以看出，农村家庭由于农业、工商业经营而产生的民间负债均值为1.10万元，占生产经营总负债的58.1%；由于住房产生的民间负债均值为1.31万元，为住房总负债的57.5%；由于购买汽车产生的民间负债均值为0.20万元，为汽车总负债的63.0%；由于教育产生的民间负债均值为0.24万元，为教育总负债的72.8%。从以上数据可知，由于住房产生的户均民间负债规模最大。此外，农村家庭教育民间负债比重最大，说明农村家庭的教育借款主要通过民间借贷获取。

表9-4	不同用途的民间借贷			
	农业/工商业	住房	汽车	教育
民间借贷（万元）	1.10	1.31	0.20	0.24
民间负债比重（%）	58.1	57.5	63.0	72.8

9.3 民间借贷来源

在CHFS问卷设计中，家庭民间借贷来源主要分为六类：父母、子女、兄弟姐妹、其他亲属、朋友/同事和民间金融组织。表9-5统计了在家庭民间借贷来源中，分别在父母、子女、兄弟姐妹、其他亲属、朋友/同事和民间金融组织六个渠道获得的比重。就全国而言，有32.0%的家庭从兄弟姐妹处获得了资金借入，民间借贷的主要来源是兄弟姐妹，其次是其他亲属，再次是朋友，只有很小比例的家庭会从民间金融组织寻求资金借贷。

在农村地区，兄弟姐妹更是民间借贷的主要来源，这个比例达到了36.1%。同时，有30.4%的农村家庭从其他亲属渠道获得了借贷，只有0.7%的农村家庭会去民间金融组织借款。这说明在人情味浓厚的中国，人们仍然倾向于从亲属那里获得贷款，尤其是农村家庭。

表9-5	民间借贷来源		单位：%
地区	父母	子女	兄弟姐妹
农村	3.5	4.2	36.1
城市	7.7	1.2	28.1
全国	5.6	2.7	32.0

表9-5(续)

地区	其他亲属	朋友/同事	民间金融组织
农村	30.4	18.4	0.7
城市	21.8	14.8	0.5
全国	26.1	16.6	0.6

9.4 民间借贷用途

在 CFHS 调查问卷中，民间借贷主要被用于五类：农业/工商业经营、建房或购房、买车、教育和其他。表9-6统计了民间借贷各种用途的占比。

表 9-6		民间借贷用途构成		单位:%
地区	农业/工商业	买房	买车	教育	其他
农村	32.4	34.9	3.6	4.7	24.4
全国	31.8	40.6	4.2	3.8	19.6

从全国来看，因建房或购房而产生民间借贷占比最高，全国平均借入金额中有 40.6% 被用于房产。其次是农业/工商业经营项目，有 31.8%的民间借入金额被用于农业或工商业经营。相对而言，我国家庭在买车和教育上的民间借贷占比较少，分别只有 4.2% 和 3.8%。

从农村地区来看，农村家庭平均民间借入资金中有 34.9%的被用于房产，同时，在农业/工商业上的民间借贷占比也有 32.4%。这两项构成了中国农村家庭民间借贷的主要用途。

10 农村家庭的金融知识水平

　　为了更好地了解我国家庭金融知识水平，并研究金融知识水平对家庭金融和经济行为的影响，在 2013 年第二轮中国家庭金融调查中设计了一系列金融知识问题，用于衡量我国家庭的金融知识水平。[①] 通过家庭对这些问题的回答，我们运用因子分析法构建出了金融知识水平指数。

　　在对我国家庭金融知识水平的分析中，我们发现我国家庭金融知识水平整体较低，并且地区、城乡间差异巨大。研究还发现，教育水平对金融知识水平影响较大，并且经济、金融课程培训影响显著。在对不同金融知识水平家庭金融行为的研究中，我们发现金融知识水平越高的家庭参与金融市场的比例也越高，并且这些家庭持有更多的风险资产。拥有较高金融知识水平的家庭，获得贷款的比例增大，参与民间金融的比例也会降低。此外，金融知识水平还会对家庭的消费方式产生巨大影响。金融知识水平越高的家庭，使用借记卡、贷记卡消费的比例越高，并且网购的比例也越高。因而，金融知识水平会对家庭的各种经济活动产生巨大影响。但是，当前我国家庭金融知识水平整体较低，地区、城乡间差异巨大。因而，需要提升我国尤其是西部和农村地区家庭的金融知识水平，从而促进家庭对经济活动的参与，推动和促进经济发展。

10.1 金融知识整体水平

10.1.1 对金融知识问题回答情况

10.1.1.1 利息和计算能力问题

问题：假设您现在有 100 块钱，银行的年利率是 4%，如果您把这 100 元钱存 5 年定期，5 年后您获得的本金和利息为＿＿＿。

1. 小于 120 元　　　　　　3. 大于 120 元

---

　　① Guiso 和 Jappelli（2008）研究发现，通过简单地询问受访者对金融的了解程度来衡量其金融知识水平（即主观金融知识）是错误的。这是因为过度自信的投资者往往会高估自己的金融知识水平，而消极的投资者会低估自己的金融知识水平。因而相比于主观金融知识水平，通过设计针对投资者金融知识水平的调查问卷所得金融知识水平指数能够更加准确地衡量投资者金融知识水平。

2. 等于 120 元　　　　　　4. 算不出来

表 10-1		对利息和计算能力问题的回答情况		单位:%
		正确	错误	不知道
中国	全国	14.1	33.4	52.5
	城市	16.7	40.0	43.3
	农村	10.6	24.4	65.0
荷兰		76.2	19.6	3.8
美国		67.1	22.2	9.4

从表 10-1 中可以看出,对简单的利率计算问题,回答正确的家庭只有 14.1%,回答"不知道"的家庭高达 52.5%。而欧美家庭对该方面问题的回答,荷兰家庭回答正确的比例为 76.2%,美国为 67.1%,回答"不知道"的分别仅为 3.8% 和 9.4%。[1] 由此可见,我国家庭非常缺乏简单的存款利率计算能力。其中,我国农村家庭该方面知识的缺乏更加严重。农村家庭对该问题回答正确的比例只有 10.6%,回答"不知道"的比例高达 65%。因而可知,我国大部分家庭把钱存入银行,但对利息如何计算却并不了解。

10.1.1.2　通货膨胀问题

问题:您现在有 100 块钱,现在的银行利率是每年 5%,通货膨胀率每年 3%,这 100 块钱存入银行一年后能买到的东西将_____。

1. 比一年前多　　　　　　3. 比一年前少
2. 跟一年前一样多　　　　4. 算不出来

表 10-2		对通货膨胀问题的回答情况		单位:%
		正确	错误	不知道
中国	全国	15.6	40.6	43.7
	城市	16.0	49.7	34.3
	农村	15.2	28.3	56.5
荷兰		82.6	8.6	8.5
美国		75.2	13.4	9.9

由表 10-2 可知,对通货膨胀问题的回答结果,回答正确的比例为 15.6%,回答错误的比例 40.6%,回答"不知道"的比例为 43.7%。同样可以看出,荷兰和美国家庭回答

---

① 荷兰数据是 Rooij 等 (2011) 依据荷兰家庭数据 DHS 计算而来,美国数据是 Lusardi 和 Mitchell (2011) 依据美国 2004 年的 HRS (Health Retirement Survey) 计算而来。

的正确率远远高于我国家庭，分别达到了 82.6% 和 75.2%。在这个问题的回答上，农村家庭回答的正确率和全国家庭差距不大，但是回答"不知道"的比率远高于全国水平。由此可见，大部分农村家庭根本无法理解通货膨胀问题。

10.1.1.3 金融市场风险问题

问题：您认为一般而言，单独买一只公司的股票是否比买一只股票基金风险更大？

1. 是　　　　　　　　2. 否　　　　　　　　3. 没有听说过股票

4. 没有听说过股票基金　　5. 两者都没有听说过

表 10-3　　　　　　　　　　对金融市场风险问题的回答情况　　　　　　　　　单位：%

		正确	错误	不知道
中国	全国	26.9	21.8	51.3
	城市	38.0	24.0	38.0
	农村	11.8	18.9	69.3
荷兰		48.2	24.8	26.6
美国		52.3	13.2	33.7

由表 10-3 可知，全国正确回答该问题的家庭比例为 26.9%，回答错误的比例为 21.8%。对金融市场风险的问题，回答正确的比例要高于利息计算和通货膨胀的问题，但回答"不知道"的比例却高达 51.3%。由此可见，了解金融市场的家庭回答的正确率较高，而整体回答正确率较低是由于家庭对金融风险市场不了解。全国有大约 51.3% 的家庭对金融风险市场无任何了解。荷兰、美国等发达国家回答"不知道"的比例远远低于我国。从国内看，农村和城市差异巨大，农村回答正确的比例仅有 11.8%，回答"不知道"的比例高达 69.3%，这都说明了农村家庭对金融市场的了解极其欠缺。

10.1.1.4 平时对经济、金融的关注

问题：您平时对经济、金融方面的信息关注程度如何？

1. 非常关注　　　　2. 很关注　　　　　　3. 一般

4. 很少关注　　　　5. 从不关注

表 10-4　　　　　　　　　　对经济、金融的关注程度　　　　　　　　　单位：%

	关注	一般	不关注
全国	11.4	24.0	64.6
城市	12.2	27.7	60.1
农村	10.5	18.9	70.6

由表 10-4 可知，从家庭平时对经济、金融节目关注的回答来看，只有 11.4% 的家庭对经济、金融问题比较关注，64.6% 的家庭平常并不关注经济、金融问题。因而，对以上三个问题回答正确率较低的原因，是我国家庭居民金融知识的缺乏。并且与欧美等发达国家家庭的回答结果相比，我国家庭的金融知识水平相差巨大。同时，我国家庭对金融知识问题的回答，农村和城市差异巨大。

综上所述，可以看出我国家庭对经济、金融类问题的回答正确比例远远低于欧美等发达国家。从回答结果来看，我国很大比例的家庭对问题的回答是"不知道"，这主要是由于家庭对金融方面缺乏了解。此外，农村和城市对问题的回答差异明显，这说明我国家庭金融知识水平的城乡差异巨大。

10.1.2 金融知识水平指数的构建

为了更加准确地衡量各个家庭的金融知识水平状况，我们试图根据家庭对问题的回答状况打分。根据各家庭对以上问题的回答，我们采用因子分析法[①]来构建金融知识水平指数，用来衡量每个家庭的金融知识水平。把以上四个问题的回答拆分为七个小问题，除对经济金融的关注问题外，将其他三个问题各拆分为两个问题。一个表示是否对问题进行直接回答，如果家庭回答"不知道"则被认为没有直接回答问题，记为 0；反之，记为 1。一般认为回答"不知道"家庭与直接回答的家庭的金融知识水平是有显著差异的，回答"不知道"可以被认为家庭对该问题所涉及的方面根本不了解，回答错误则可能是家庭了解该方面但了解得不够深入。另一个表示直接回答是否正确，回答正确为 1，反之为 0。显而易见，回答正确的家庭金融知识水平要高于回答错误的家庭。

10.1.2.1 因子分析

表 10-5 给出了对这些问题进行因子分析的因子载荷，从因子分析的结果可以看出有 6 个公共因子。因子载荷系数越大表示因子对问题的解释力越强，通过各因子的因子载荷可以看出，因子 1、因子 2 和因子 3 的因子载荷系数较大。由于主要关注家庭金融知识水平，所以更重要的是找出影响金融知识水平的因子。

通过观察各因子的载荷，发现因子 1 对各个问题的回答均具有正向影响。也就是说因子 1 会使得家庭日常更多地关注经济、金融类节目，并且会使得家庭直接和正确回答各类经济、金融问题。因而，可以认为因子 1 反映了家庭正确回答金融类问题的能力——家庭的金融知识水平。接下来，计算出因子得分来衡量家庭具体的金融知识水平。

---

① 参见 Lusardi 等（2011）和 Rooij 等（2011）的研究。

表 10-5 各因子的载荷

问题	回答结果	因子 1	因子 2	因子 3	因子 4	因子 5	因子 6
对经济金融类信息是否关注	关注	0.212	-0.012	0.056	0.076	0.194	0.015
对利率计算问题是否进行回答	回答	0.765	0.321	-0.246	-0.081	0.057	-0.051
利率计算问题回答结果	正确	0.377	0.234	-0.328	0.168	-0.066	0.039
对通货膨胀问题是否进行回答	回答	0.746	0.285	0.262	-0.126	-0.044	0.037
通货膨胀问题回答结果	正确	0.319	0.214	0.353	0.182	-0.020	-0.030
对金融市场风险问题是否进行回答	回答	0.669	-0.471	-0.006	0.007	0.003	0.089
金融市场风险问题回答结果	正确	0.609	-0.488	-0.008	0.024	-0.037	-0.092

10.1.2.2 因子得分计算

根据因子得分系数和问题的回答结果，得出家庭在因子 1 上的因子得分（见表 10-6）。

表 10-6 因子 1 得分系数

问题	因子 1 得分系数
对经济金融类信息是否关注	0.032
对利率计算问题是否进行回答	0.362
利率计算问题回答结果	0.073
对通货膨胀问题是否进行回答	0.317
通货膨胀问题回答结果	0.067
对金融市场风险问题是否进行回答	0.269
金融市场风险问题回答结果	0.210

公式（1）给出了因子得分的计算方法：

$$\text{Factor\_ score}_i = \sum_{i=1}^{7} \beta_{in} Q_{in} \tag{1}$$

通过公式（1），根据各个家庭对问题的回答结果和因子得分系数，可以计算出每个家庭因子得分。为了更加直观地反映家庭的金融知识水平，对各个家庭的因子得分进行标准化，公式（2）给出了标准化的方法：

$$\text{Index\_finance} = \frac{\text{Factor\_score}_i - \text{Min}(\text{Factor\_score}_i)}{\text{Max}(\text{Factor\_score}_i) - \text{Min}(\text{Factor\_score}_i)} \tag{2}$$

标准化后的指数，就是用来衡量家庭金融知识水平的金融知识水平指数。计算出的家庭金融知识水平指数，范围在 0~100 之间。0 表示家庭的金融知识水平在样本中处于最低水平，100 表示家庭的金融知识水平在样本中处于最高水平。表 10-7 给出了家庭金融知识水平的分布情况。

表 10-7   家庭金融知识水平的分布

	10分位数	20分位数	30分位数	40分位数	50分位数	60分位数	70分位数	80分位数	90分位数
金融知识水平	0	0	20.2	27.2	44.1	56.1	64.9	76.7	89.5

从家庭金融知识水平的分布情况可以看出，有超过 20% 的家庭得分为 0，也就是说这些家庭对以上问题全部未进行回答或者回答错误。由此可以看出，我国家庭金融知识水平差异巨大。

10.1.3 金融知识水平

10.1.3.1 我国金融知识整体水平

从图 10-1 中可以看出，我国家庭整体的金融知识水平为 42.0。根据相同的方法，我们得出美国家庭的金融知识水平为 75.3，荷兰为 78.8。所以，我国家庭金融知识水平远低于欧美发达国家。结合上文我国家庭金融知识水平的分布，我国只有金融知识水平最高的 20% 家庭的金融知识水平达到了欧美国家的平均水平。

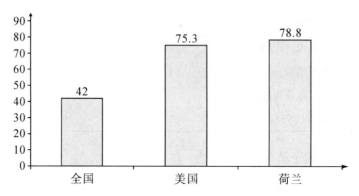

图 10-1 我国家庭金融知识水平与欧美国家比较

10.1.3.2 我国家庭金融知识水平的城乡差异

我国城乡居民家庭金融知识水平差距巨大，城市家庭知识水平均值为 51.4，农村家庭仅为 29.4。可以看出，我国农村家庭金融知识十分匮乏。见图 10-2。

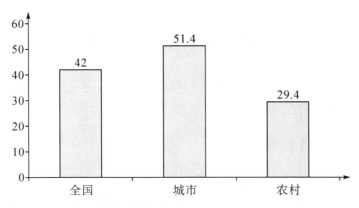

图 10-2　我国家庭整体金融知识水平

从表 10-8 中可以看出，农村家庭有接近 40% 的家庭金融知识水平为 0，而城市只有不到 20% 的家庭金融知识水平为 0。并且在每个分位数上，农村家庭的金融知识水平明显低于城市家庭。

表 10-8　　　　　　　　　　　　**我国家庭金融知识水平城市农村比较**

	10 分位数	20 分位数	30 分位数	40 分位数	50 分位数	60 分位数	70 分位数	80 分位数	90 分位数
全国	0	0	20.2	27.2	44.1	56.1	64.9	76.7	89.5
城市	0	20.2	27.2	46.5	56.1	68.7	76.7	87.1	92.1
农村	0	0	0	2.4	23.9	31.3	51.1	56.5	76.3

10.1.3.3　我国家庭金融知识水平的地区间差异

按地区看，东部家庭的金融知识水平最高，为 44.1；中部家庭次之，为 42.7；西部家庭最低，为 38.7。可以看出，家庭知识水平和经济发展水平呈正向关系，经济越发达的地区，家庭金融知识水平越高。但是，中部农村家庭金融知识水平略高于东部地区。见表 10-9。

表 10-9　　　　　　　　**东、中、西部家庭整体金融知识水平比较**

	东部	中部	西部
全国	47.6	42.4	40.3
城市	53.3	51.1	49.3
农村	29.6	30.8	27.5

10.2 金融知识水平分布

本节主要讨论家庭金融知识水平在人口特征上的分布情况，分别给出了不同教育水平、年龄、性别的金融知识水平。

10.2.1 教育水平与金融知识水平

从图 10-3 中可以看出，文盲家庭金融知识水平为 13.2，农村地区为 11.4；高中教育水平家庭金融知识水平为 55，农村家庭为 45.2。通过观察可以看出，教育水平与家庭金融知识水平有非常强的相关性。因而，教育水平越高，家庭的金融知识水平越高。

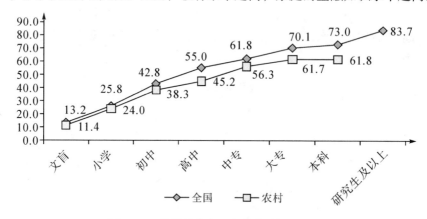

图 10-3　不同教育水平人群金融知识水平

从图 10-4 可以看出，学过经济、金融类课程的家庭金融知识水平为 74.4，高于没有学过经济、金融类课程家庭的 39.6。农村地区，学过经济、金融类课程的家庭金融知识水

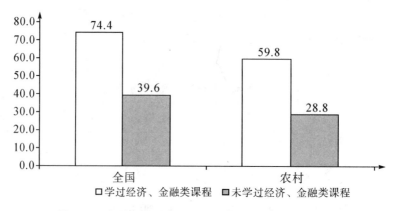

图 10-4　经济、金融类课程对家庭金融知识水平的影响

平为 59.8，同样高于未学过经济、金融类课程家庭的 28.8。因而，可以看出经过经济、金融类的培训对提升家庭金融知识水平有显著影响。

从图 10-5 中可以看出，经济、金融类课程的影响在低教育水平家庭中影响更大。也就是说，金融知识培训在低教育水平人群中效果更显著。

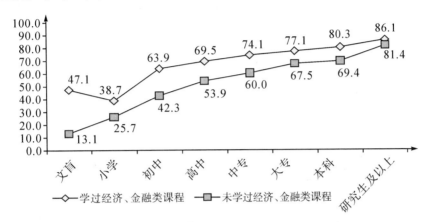

图 10-5　经济、金融类课程在不同学历间的影响

10.2.2　年龄与金融知识水平

图 10-6 中，16~20 周岁（不含）年龄段人群金融知识水平为 62.5，农村地区为 51；60 周岁以上人群金融知识水平为 28.6，农村地区为 19.2。通过观察可以看出，无论是在农村还是城市地区，越年轻的人群金融知识水平越高。

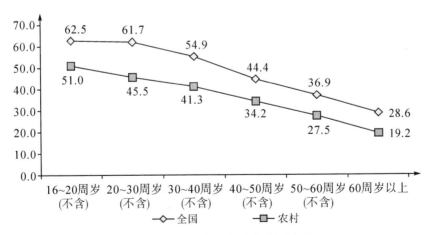

图 10-6　不同年龄段人群金融知识水平

结合图 10-7 可以看出，越年轻的人群接受的教育水平越高，从而金融知识水平也越高。因而，年龄间的金融知识水平差异是由不同年龄段的受教育年限不同造成的。

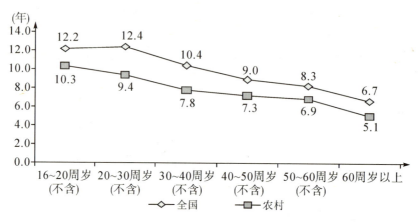

图 10-7　不同年龄段受教育年限

10.2.3　性别与金融知识水平

从表 10-10 可以看出，在全国范围内，男性的金融知识水平略高于女性，而在农村地区，男性的金融知识水平显著高于女性。同样从教育水平可以看出，全国范围内，男性受教育年限略高于女性，而在农村地区，男性的受教育年限明显高于女性。因而，性别间的金融知识水平差异同样是由于受教育年限不同引起的。

表 10-10　　　　　　　　　　不同性别人群的金融知识水平

	金融知识水平（指数）		受教育年限（年）	
	全国	农村	全国	农村
男	42.5	31.6	9.1	7.4
女	41.5	25.8	8.4	5.6

由此可以看出教育水平的提高会使得家庭金融知识水平增加。同时，参加相关金融知识的培训同样对提升家庭金融知识水平有显著影响，尤其是对低教育水平家庭而言。

10.3　金融知识水平与家庭金融行为

10.3.1　对金融市场参与的影响

图 10-8 给出了金融知识水平对家庭金融市场参与的影响。金融市场参与是指家庭是否参与股票、基金、债券、理财产品、衍生品、黄金等风险市场。

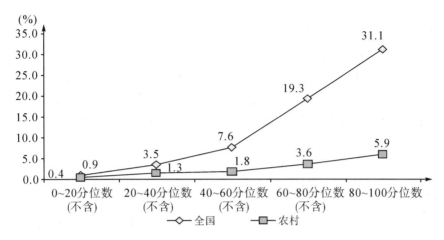

图 10-8　金融知识水平对家庭金融市场参与的影响

从图 10-8 中可以看出，在家庭金融知识水平最低的 20% 家庭中，家庭金融市场参与率仅为 0.9%，农村家庭为 0.4%；在家庭金融知识水平最高的 20% 家庭中，金融市场参与率为 31.1%，农村家庭为 5.9%。因而，家庭金融知识水平越高，家庭的金融市场参与率越高。

10.3.2　对风险资产配置的影响

图 10-9 中，金融知识水平最低的 20% 家庭风险资产持有比例为 14.1%，农村家庭则为 11.9%；金融知识水平最高的 20% 家庭风险资产持有比例为 42.7%，农村家庭则为 34.4%。由此可见，家庭金融知识水平更高的家庭风险资产占比也更高。

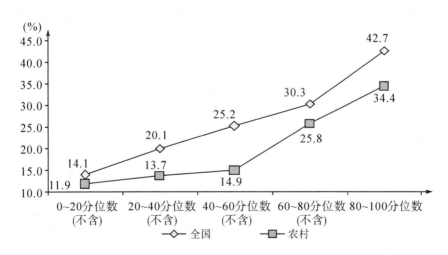

图 10-9　金融知识水平与风险资产占比

10.3.3 对家庭借贷行为的影响

图10-10中，金融知识水平最低的20%家庭，有贷款的比例为10.4%，有民间借贷的比例为38.5%；金融知识水平最高的20%家庭，获得贷款的比例为23.5%，有民间借贷的比例为27%。可以看出，金融知识水平越高的家庭越容易获得贷款，从而降低对民间借贷的需求。因而，金融知识水平越高家庭获得贷款的比例越高，民间金融参与率越低。

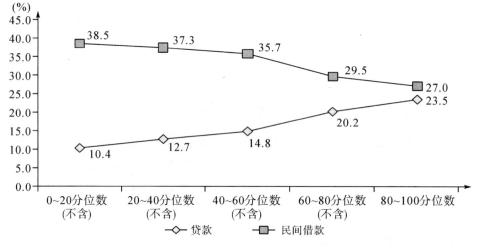

图10-10 金融知识水平与家庭借贷（全国）

至于金融知识水平对农村家庭信贷的影响，同样可以看出金融知识水平越高，家庭获得贷款的比例也越高。图10-11中金融知识水平最低的20%家庭中，农村家庭获得贷款的比例为11.4%；金融知识水平最高的20%家庭中，农村家庭获得贷款的比例为20.9%。但是，金融知识水平对农村家庭民间借贷的参与并没有显著影响，这可能是由于农村家庭社会关系造成的。

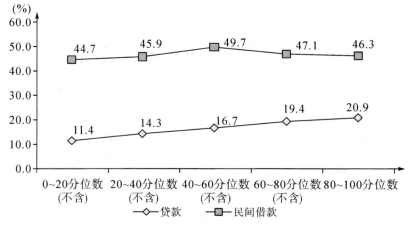

图10-11 金融知识水平与家庭借贷（农村）

10.3.4 对家庭消费行为的影响

10.3.4.1 对支付方式的影响

图 10-12 中，金融知识水平最低的 20% 家庭，使用借记卡刷卡消费的比例为 1.5%，农村家庭为 0.6%；金融知识水平最高的 20% 家庭，刷卡消费的比例为 23.9%，农村家庭为 6.6%。因此，金融知识水平越高的家庭，使用借记卡刷卡消费的比例也越高。

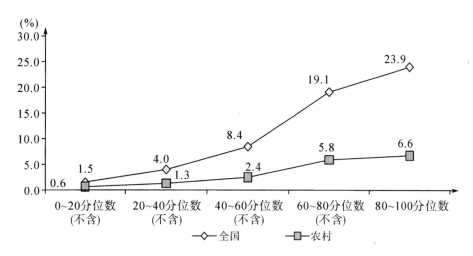

图 10-12 金融知识水平与家庭借记卡支付

图 10-13 中，金融知识水平最低的 20% 家庭，使用贷记卡刷卡消费的比例为 0.8%，农村家庭为 0.2%；金融知识水平最高的 20% 家庭，使用贷记卡消费的比例为 25.6%，农村家庭为 2.8%。因此，金融知识水平越高的家庭，使用贷记卡刷卡消费的比例也越高。

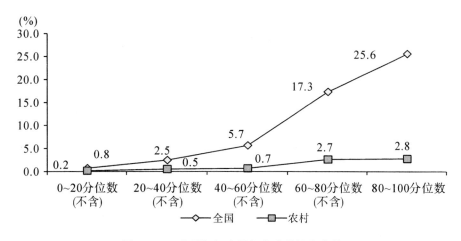

图 10-13 金融知识水平与家庭贷记卡支付

10.3.4.2 对网购的影响

图 10-14 中，金融知识水平最低的 20% 家庭，网购家庭的比例为 6.1%，农村家庭比例为 2.7%；金融知识水平最高的 20% 家庭，网购家庭的比例为 50.9%，农村家庭比例为 18.8%。因此，金融知识水平越高的家庭，网购的比例也越高。

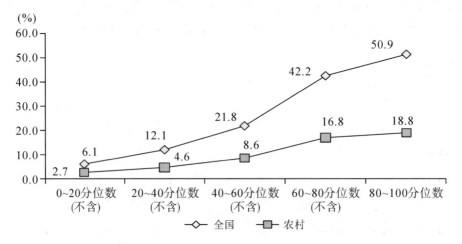

图 10-14 金融知识水平对家庭网购的影响

参考文献

［1］ BEL C, T N STRINIVASAN, C UDRY. Rationing, spillover, and interlinking in credit markets: the case of rural Punjab ［J］. Oxford Economic Paper, 1997, 4 (49): 557-585.

［2］ CARTER M R. Equilibrium credit rationing of small farm agriculture ［J］. Journal of Development Study, 1988 (28): 83-103.

［3］ CHEN K, M CHIVAKUL. What drives household borrowing and credit constraints? Evidence from Bosnia and Herzegovina ［R］. IMF working paper, No. 202, 2008.

［4］ CROOK J. The demand and supply for household debt: a cross-country comparison — The Economics of Consumer Credit ［M］. Cambridge: MIT Press, 2006.

［5］ DáNIEL H, P MóNIKA. Assessing household credit risk: evidence from a household survey ［R］. MNB Occasional Papers, No. 70, 2007.

［6］ DUCA D J, S S ROSENTHAL. Borrowing constraints, household debt and racial discrimination in loan markets ［J］. Journal of Financial Intermediation, 1993 (3): 77-103.

［7］ GUISO L, T JAPPELLI. Financial Literacy and Portfolio Diversification ［R］. EUI Working Paper, ECO 2008/31, 2008.

［8］ HERRALA R, K KAUKO. Household Loan Loss Risk in Finland – Estimations and Simulations with Micro Data ［R］. Bank of Finland Research Discussion Papers, 2007.

［9］ KHANDKER S R. Fighting poverty with microcredit: experience in Bangladesh ［M］. New York: Oxford University Press, 1988.

［10］ KOCHAR A. An empirical investigation of rationing constraints in rural credit markets in India ［J］. Journal of Development Study, 1997, 53 (2): 339-371.

［11］ LUSARDI A, O S MITCHELL. Financial Literacy and Planning: Implication for Retirement Planning ［R］. NBER working paper, No. 17078, 2011.

［12］ MAGRI S. Italian households' debt: the participation to the credit market and the size of the loan ［J］. Impirical Economics, 2007, vol. 33, issue 3: 401-426.

［13］ MILDE H, J R RILEY. Signaling in credit markets ［J］. Quarterly Journal of Economics, 1988 (2): 101-129.

［14］ ROOIJ M, A LUSARDI, R ALESSIE. Financial Literacy and Stock Market Participation ［J］. Journal of Financial Economics，2011，101（2）：449-472.

［15］SOBEHART J，S KEENAN. Measuring Default Accurately ［J］. Risk，2002（3）：31-33.

［16］STIGLITZ J E，A M WEISS. Credit rationing in markets with imperfect information ［R］. AER，LXXI，1981：393-410.

［17］黄祖辉，刘西川，程恩江. 贫困地区农户正规信贷市场低参与程度的经验解释 ［J］. 经济研究，2009（4）.

［18］李锐，朱喜. 农户金融抑制及其福利损失的计量分析 ［J］. 经济研究，2007（2）.

［19］秦建群，吕忠伟，秦建国. 中国农户信贷需求及其影响因素分析——基于 Logistic 模型的实证研究 ［J］. 当代经济科学，2011（9）.

［20］周宗安. 农村信贷需求的调查与评析：以山东省为例 ［J］. 金融研究，2010（2）.

［21］杨汝岱，陈斌开，朱诗娥. 基于社会网络视角的农户民间借贷需求行为研究 ［J］. 经济研究，2011（11）.

［22］朱信凯，刘刚. 二元金融体制与农户消费信贷选择 ［J］. 经济研究，2009（2）.

［23］何广文. 从农村居民资金借贷行为看农村金融抑制与金融深化 ［J］. 中国农村经济，1999（10）.

图书在版编目(CIP)数据

中国农村家庭金融发展报告(2014)/甘犁,李运主编.
—成都:西南财经大学出版社,2014.4
ISBN 978 - 7 - 5504 - 1384 - 9

Ⅰ.①中… Ⅱ.①甘…②李… Ⅲ.①农村金融—研究报告
—中国 Ⅳ.①F832.35

中国版本图书馆 CIP 数据核字(2014)第 067679 号

中国农村家庭金融发展报告(2014)

Zhongguo Nongcun Jiating Jinrong Fazhan Baogao

甘 犁 李 运 主编

责任编辑	王 利
封面设计	科嘉艺设计制作公司
责任印制	封俊川
出版发行	西南财经大学出版社(四川省成都市光华村街55号)
网 址	http://www.bookcj.com
电子邮件	bookcj@foxmail.com
邮政编码	610074
电 话	028 - 87353785 87352368
照 排	四川胜翔数码印务设计有限公司
印 刷	四川森林印务有限责任公司
成品尺寸	185mm×260mm
印 张	8.5
字 数	230 千字
版 次	2014 年 4 月第 1 版
印 次	2014 年 4 月第 1 次印刷
印 数	1— 5000 册
书 号	ISBN 978 - 7 - 5504 - 1384 - 9
定 价	29.80 元